# AVE MARIA

# PAPA FRANCISCO

# AVE MARIA

O Santo Padre comenta o mistério de Maria
com as palavras da oração mais amada

Uma conversa com
MARCO POZZA

Planeta

Copyright © Segreteria per la Comunicazione, Cidade do Vaticano
Copyright © Libreria Editrice Vaticana, Cidade do Vaticano
Copyright © 2018 Mondadori Libri S.P.A / Rizzoli, Milão
Copyright © Editora Planeta do Brasil, 2019
Título original: *Ave Maria*
Todos os direitos reservados.

*Tradução e revisão técnica:* Pe. João Carlos Almeida, scj
*Preparação:* Karina Barbosa dos Santos
*Revisão:* Project Nine Editorial, Pe. Claudiano Avelino
*Diagramação:* Project Nine Editorial
*Adaptação de capa:* Departamento de criação Editora Planeta do Brasil
*Imagem de capa:* La madona della Scala, Mosaico de P. Marko Ivan Rupnik, por cortesia do autor

CIP-BRASIL. CATALOGAÇÃO NA PUBLICAÇÃO
SINDICATO NACIONAL DOS EDITORES DE LIVROS, RJ

Francisco I, Papa, 1936-
　　Ave Maria / Papa Francisco ; Marco Pozza. -- São Paulo : Planeta do Brasil, 2019.
　　144 p.

ISBN: 978-85-422-1591-5

1. Ave-Maria - Oração 2. Maria, Virgem, Santa - Oração - Comentários I. Título II. Pozza, Marco

19-0587　　　　　　　　　　　　　　　　　　　　　　　CDD 232.91

Índices para catálogo sistemático:
1. Ave-Maria - Oração - Comentários

2019
Todos os direitos desta edição reservados à
Editora Planeta do Brasil Ltda.
Rua Bela Cintra 986, 4º andar – Consolação
São Paulo – SP CEP 01415-002.
www.planetadelivros.com.br
faleconosco@editoraplaneta.com.br

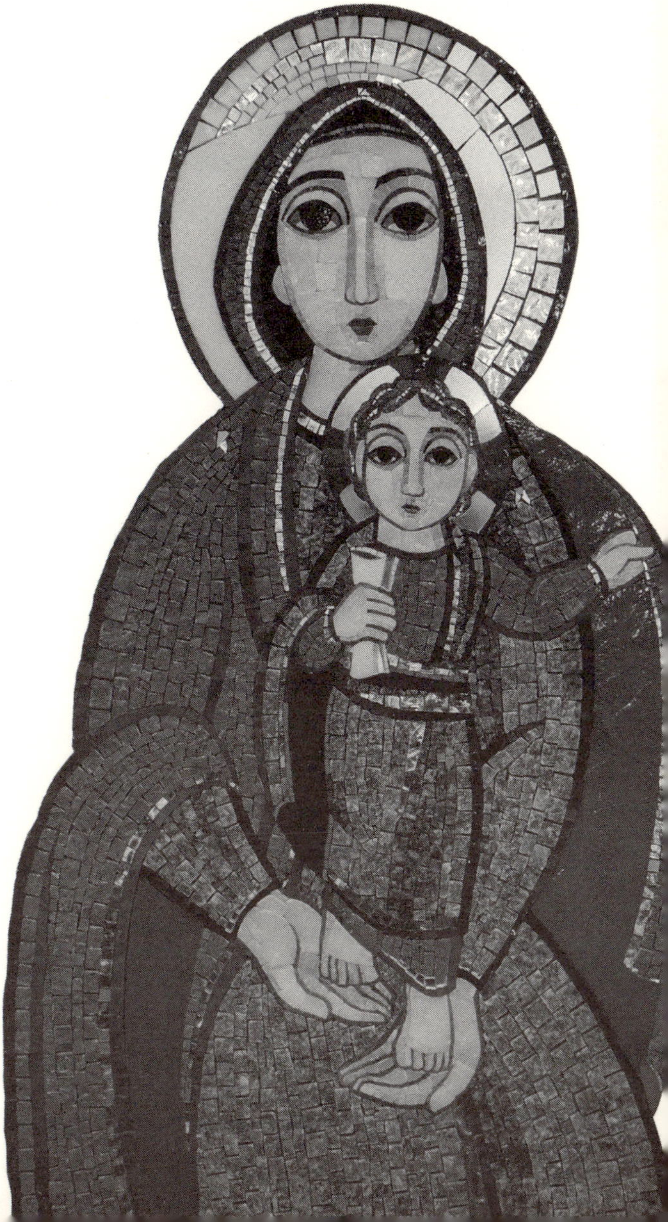

# SUMÁRIO

Esperança segura ................................................................... 9

## I

Ave Maria cheia de graça ...................................................... 19
A beleza de uma mulher habitada por Deus ....................... 23
O Senhor é convosco............................................................. 29
A fé: fidelidade e confiança .................................................. 35
Bendita sois vós entre as mulheres ..................................... 41
O sorriso de se sentir povo .................................................. 45
E bendito é o fruto do vosso ventre, Jesus ......................... 51
A ternura materna de Deus .................................................. 57
Santa Maria............................................................................. 63
Oração à Imaculada Conceição ........................................... 68
Mãe de Deus .......................................................................... 73
O Senhor Se encarnou em Maria ......................................... 79
Rogai por nós pecadores ..................................................... 87
Desatar os nós ....................................................................... 91
Agora e na hora da nossa morte ......................................... 95
Mãe da Esperança ................................................................101
*Magnificat*............................................................................105
A alegria da fé ......................................................................117

## II

Uma mãe entre os lobos, por *Marcos Pozza* ...................123
Fontes....................................................................................139
Abreviaturas e siglas ...........................................................143

*MISERANDO ATQUE ELIGENDO*

# ESPERANÇA SEGURA

Na morte e na ressurreição de Jesus, Deus Pai inaugurou a nova criação, um modo de viver *à medida de Deus*.

Jesus, de fato, como diz o apóstolo Paulo, "é a nossa paz, aquele que de dois povos, [judeus e pagãos] fez uma só coisa, derrubando o muro de separação que os dividia, isto é, a inimizade, por meio de sua carne" (Ef 2,14).

Para todos nós, pertencentes a diferentes culturas, tradições, histórias, é aberta assim a possibilidade concreta de ser verdadeiramente uma coisa só, *como* o Pai, o Filho e o Espírito Santo. Aqui está a Igreja, o santo e fiel povo de Deus, a família dos filhos de Deus. O protagonista desta obra de reconciliação e de unidade é o Espírito Santo, que sempre constrói pontes, inaugura relacionamentos, fortalece laços, consola na dor e dá a força e a alegria do perdão e da misericórdia.

O Espírito Santo, de fato, é aquele que, sem cessar, dia e noite, derrama em nossos corações o amor do Pai (cf. Rm 5,5) e assim nos torna sempre mais filhos de Deus, verdadeiros irmãos e irmãs entre nós.

Desse modo, a nossa vocação, o grande dom que o Pai nos concedeu, é aquela de nos permitir, ainda que seres humanos pobres, pequenos e simples, assemelhar-nos a Cristo, participar na sua vida e na sua alegria, porque Ele é nosso irmão maior, o homem novo, verdadeiramente humano; e Nele nós, os filhos, também começamos finalmente a nos assemelhar ao nosso Pai, e nos assemelharmos entre nós...

A Igreja é, assim, a comunidade daqueles a quem é oferecida a possibilidade de serem homens e mulheres novos, revestidos do Espírito, homens e mulheres cujo coração se assemelha ao de Cristo: dom completo de si e acolhida incondicional de um ao outro.

É verdade, no entanto, que essa possibilidade para todos nós é propriamente um caminho, muitas vezes acidentado, cansativo, feito de quedas e saltos para a frente, em que a luz do amor de Deus ainda está escondida sob o véu da nossa pobreza, da nossa pouca fé, das nossas faltas de amor. E sim, *pelo dom* do Pai, nós já somos verdadeiramente seus filhos, mesmo que nossa semelhança com Ele ainda não tenha sido totalmente realizada, de fato às vezes parece apenas uma miragem. Por tudo isso, é necessário ter paciência conosco e com os outros, uma paciência tão grande quanto a do Espírito Santo. Como diz um autor que li faz alguns anos e agora me vem à mente, de fato o Espírito Santo é *o mestre das maturações lentas*.

Tudo isso pode dar origem à grande tentação de nos desencorajar, apesar de tantos dons... nós somos realmente homens *de cabeça-dura* (cf. Ex 33,3; 34.9 etc.).

Então, diante desse risco de desânimo, o Pai nos deu uma *esperança segura*, um apoio firme, uma certeza de que aquilo que Ele está realizando em nós é eficaz, quando é acolhido com fé e disponibilidade, ainda que os resultados pareçam pouco significativos.

De fato, Maria é esta obra-prima do Pai, a "cheia de graça" (Lc 1,28): nela vemos o resultado da ação de Deus, isto é, o que acontece com um ser humano quando acolhe completamente o Espírito Santo. A pessoa se torna um esplendor de bondade, de amor, de beleza: a "bendita entre as mulheres" (cf. Lc 1,42). O Senhor Jesus, morrendo na Cruz, nos deu Maria como mãe, precisamente porque ela é sua verdadeira Mãe, e Ele realmente se tornou nosso irmão. Assim, em Maria, Mãe de Deus e Mãe de todos nós, Mãe do Ressuscitado e de todos nós que Nele ressuscitamos no batismo, vemos o resultado da obra de Deus no homem: a obra-prima que o Senhor procura realizar e está realizando com sua infinita paciência na Igreja, em cada um de nós e no povo santo de Deus como um todo.

Maria é, portanto, a Mãe universal: total dedicação, cuidado, proximidade de cada filho, de cada filha. Nela vemos de fato um coração de mulher batendo *como* o de Deus, um coração que bate por todos, sem distinção. Ela é verdadeiramente o rosto humano da infinita bondade de Deus.

Maria é a Mãe de Jesus, o Deus-homem. Em seu Filho, encontra tanto Deus como o homem; quando fala com Ele, dirige-se a Deus e ao homem. Nela comprovamos a verdade de que amar o Senhor significa amar verdadeiramente as pessoas e vice-versa. E assim, quando olhamos para Ela, Maria nos ajuda e nos ensina constantemente a nos voltarmos para o Senhor. Não é por acaso que, em Caná, na Galileia, quando se dá conta de que havia acabado o vinho para a festa de casamento de seus amigos, Maria não toma a iniciativa de encontrar Ela mesma a solução, dizendo: "Agora vou cuidar disso, façam isso e aquilo..."; pelo contrário, ela sempre indica seu Filho e sugere aos servos: "Fazei tudo o que ele vos disser" (Jo 2,5).

É por isso que os cristãos sempre se voltaram para Ela como seu refúgio, como Aquela que sempre indica o Senhor e convida a confiar incondicionalmente a

Ele as pessoas mais queridas, os problemas mais delicados, as situações mais complicadas. Quando parece que já não existe solução, Maria é "nossa esperança", porque – como dizia Dante (cf. *Paraíso*, XXXIII, 14-15) –, se alguém quer uma graça e não se volta para Maria, é como um pássaro que pretende voar sem asas...

Depois da experiência do diálogo espiritual ano passado com o padre Marco Pozza a partir do *Pai-Nosso*, pareceu-me bonito repassar com ele uma outra oração que acompanha todos nós desde a infância. A *Ave-Maria* nos foi ensinada desde pequenos e, ainda que tenhamos descuidado, volta aos nossos lábios especialmente nas dificuldades, mas ressurge sobretudo em nossos corações.

São Cipriano de Cartago, bispo africano e mártir da Igreja do terceiro século, disse que ninguém pode ter Deus por Pai se não tiver a Igreja como Mãe (*Sobre a unidade da Igreja Católica*, 6). E em Maria vemos o rosto mais bonito da Igreja-Mãe, vemos o sonho que o Senhor tem para cada um de nós e a esperança que habita em nós, apesar de os nossos corações ainda estarem cheios de contradições. E, assim, Maria, enquanto nos acompanha e nos revela que bom é o Senhor (cf. 1Pe 2,3), nos enche de coragem, porque seu maior desejo é conduzir-nos todos ao Pai: assim, embora muitas vezes ainda existam divisões entre nós, podemos nos tornar verdadeiramente uma só família em Jesus, seu Filho e nosso Senhor, Rei da misericórdia e Cabeça do Corpo que é a Igreja.

Deus é nosso Pai e a Igreja em Maria nos mostra Seu rosto mais resplandecente de Mãe.

*Franciscus*

I

Ave Maria cheia de graça

o Senhor é connosco,

bendita sois vós entre as mulheres

e bendito é o fruto do vosso ventre, Jesus.

Santa Maria, Mãe de Deus,

rogai por nós pecadores.

agora e na hora da nossa morte.

Amém.

# AVE MARIA CHEIA DE GRAÇA

*Papa Francisco, Maria foi pintada, esculpida, narrada, é uma das figuras mais desejadas, mais temidas e até mais estudadas; foi a mais defendida pelos papas. É também a mais procurada pelos pecadores e a mais odiada por Lúcifer. Mas só o Senhor conseguiu conquistá-la com uma saudação sem igual: "Ave Maria, cheia de graça" (cf. Lc 1,28). Nenhuma criatura jamais pôde se vangloriar de semelhante saudação vinda do céu. Quando recito a* Ave-Maria *fico comovido, porque parece que escuto o início da história que mudou os rumos da humanidade. Um anúncio de misericórdia: é como dizer que*

*Deus começa tudo de novo e recomeça com uma mulher. É emocionante saber que o cristianismo começa assim.*

A saudação a uma mulher. Deus cumprimenta uma mulher, cumprimenta-a com uma grande verdade: "Eu Te fiz repleta do meu amor, cheia de mim, e assim como estás plena de mim, estarás plena do meu Filho e depois de todos os Filhos da Igreja". Mas a graça não termina aí: a beleza de Nossa Senhora é uma beleza que dá fruto, uma beleza mãe. Não esqueçamos: Deus cumprimenta uma mulher que é mãe desde o primeiro momento, é apresentada como mãe já no momento em que concebe.

*É curioso o profundo silêncio em relação à biografia de Maria, como se os evangelistas quisessem proteger a privacidade dessa mulher extraordinária. Gostaria de dizer que Maria vem do silêncio como quem vem de uma pequena cidade do interior. Papa Francisco, como o senhor imagina as fases da vida de Maria, desde o nascimento até quando Ela foi elevada ao céu [na assunção]?*

Desde que Ela nasceu até a Anunciação, no momento do encontro com o anjo de Deus, eu A imagino como uma garota normal, uma garota de hoje, não diria uma garota da cidade, porque Ela é de uma pequena cidade do interior, mas normal, normal, educada normalmente, disposta a se casar, a constituir uma família. Uma coisa que imagino é que Ela amava as Escrituras: conhecia as Escrituras, havia feito catequese familiar, do coração. Em seguida, após ter concebido Jesus, continua sendo uma mulher normal: Maria é a própria normalidade, é uma mulher que qualquer mulher neste mundo poderia dizer que pode imitar. Não há nada estranho em sua vida, uma mãe normal: mesmo em seu matrimônio virginal, casto naquele contexto de virgindade, Maria era normal. Ela trabalhava, fazia compras, ajudava o Filho, ajudava o marido: normal.

*Existe um magnífico verso de um Salmo: "Tu és o mais belo dentre os filhos dos homens" [45(44),3]. Gosto de imaginar que o mais belo entre os filhos do homem, no final, foi procurar a mais bela de todas as mulheres: no fundo é o grande conceito da Imaculada Conceição de Maria. Às vezes até me assusta, toda essa beleza escondida em uma história. Mas o estilo me impressiona: Maria entra na ponta dos pés e sai na ponta dos pés. É o mesmo estilo do seu Filho. Mas o que significa, concretamente, que Maria nasceu sem pecado original?*

Significa que ela nasceu, como gosto de dizer, mesmo antes de Eva. Não é verdade do ponto de vista cronológico, mas gosto de pensar que nasceu antes do momento em que Eva foi enganada, seduzida, porque Ela não foi vítima de engano, não sofreu suas consequências. No entanto também nasceu depois porque, na visão da Igreja, que não se equivoca, a re-criação é mais importante que a criação. A criação começa com Adão e depois Eva, e os dois juntos foram criados à imagem e semelhança de

Deus. A re-criação começa com Maria, com uma mulher sozinha. Podemos pensar nas mulheres solitárias que levam adiante os cuidados da casa, que sozinhas educam seus filhos. Então, Maria está ainda mais sozinha. Ela começa sozinha esta história, que depois continua com José e a família; mas no começo a re-criação consiste no diálogo entre Deus e uma mulher sozinha.

*Esta passagem é fundamental: a história cristã começa com uma mulher que é capaz de se extasiar. Um poeta costumava dizer que aqueles que perdem a capacidade de se encantar estão envelhecendo com antecedência. Quase seria possível dizer que, se alguém não sabe se surpreender – ou deixar-se surpreender por Deus –, não sabe o quanto perde na vida.*

É assim mesmo, porque Deus é o Deus das surpresas. O êxtase é uma virtude humana que não existe mais no mercado. Tome uma criança, mostre-lhe algo que atrai sua atenção: ela fica imediatamente maravilhada, o encanto é a virtude das crianças. Se perdermos a capacidade de nos extasiar, não poderemos entender Maria: para entender Maria, é preciso voltar ao princípio, lá atrás, fazer-se crianças, sentir o encanto das crianças, dizer "Ave Maria" como uma criança, com coração de criança, com os olhos do coração, que a nossa cultura perdeu. O encanto não é uma categoria habitual, precisamos reencontrá-lo na vida da Igreja. Devemos nos maravilhar.

# A BELEZA DE UMA MULHER HABITADA POR DEUS

Todo dia 8 de dezembro contemplamos a beleza de Maria Imaculada. O Evangelho, que narra o episódio da Anunciação, ajuda-nos a entender aquilo que festejamos, sobretudo por meio da saudação do anjo. Ele dirige-se a Maria com uma palavra não fácil de traduzir, que significa "cheia de graça", "criada pela graça" (Lc 1,28). Antes de chamar Maria, ele a chama "cheia de graça", e assim revela o novo nome que Deus Lhe atribuiu e que é mais apropriado do que o nome que Lhe foi dado pelos seus pais. Também nós A chamamos assim, em cada *Ave-Maria*.

O que quer dizer *cheia de graça*? Que Maria é cheia da presença de Deus. E é inteiramente habitada por Deus, nela não há lugar para o pecado. Trata-se de algo extraordinário, porque infelizmente tudo no mundo está contaminado pelo mal. Cada um de nós, olhando para dentro de si mesmo, vê lados obscuros. Inclusive os maiores santos eram pecadores, e todas as realidades, até as mais sublimes, são manchadas pelo mal: todas, exceto Maria. Ela é o único "oásis sempre verde" da humanidade, a única não contaminada, criada Imaculada para acolher plenamente, com o seu "sim", Deus que vinha ao mundo e deste modo começar uma nova história.

Cada vez que A reconhecemos *cheia de graça*, fazemos-Lhe o maior elogio, o mesmo que Deus lhe fez. O melhor elogio que se pode dar a uma senhora é falar-lhe, com amabilidade, que demonstra menos idade. Quando dizemos a Maria *cheia de graça*, num certo sentido dizemos também isso, ao nível mais elevado. Com efeito, reconhecemo-La sempre jovem, porque jamais envelhecida pelo pecado. Só existe uma coisa que realmente faz envelhecer, envelhecer interiormente: não é a idade, mas o pecado. O pecado envelhece-nos, porque *esclerosa o coração*. Fecha-o, torna-o inerte, faz com que ele murche. Mas a cheia de graça é vazia de pecado. Então é sempre jovem, é "mais jovem do que o pecado", é "a mais jovem do gênero humano", para citar o *Diário de um pároco de aldeia*, de George Bernanos.

Hoje a Igreja felicita-se com Maria chamando-A "toda bela", *tota pulchra*. Assim como a sua juventude independe da idade, do mesmo modo a sua beleza não consiste na exterioridade. Como mostra o Evangelho, Maria não se distingue pela aparência: de família simples, vivia humildemente em Nazaré, um povoado quase desconhecido. E não era famosa: até quando o anjo A visitou, ninguém soube disso, naquele dia ali não havia repórter algum. Nossa Senhora também não levou uma vida confortável, mas teve preocupações e temores: "sentiu-se muito perturbada" (Lc 1,29), diz o Evangelho, e quando o anjo "se afastou dela" (Lc 1,38), os problemas aumentaram.

No entanto, a *cheia de graça* levou *uma vida bela*. Qual era o seu segredo? Podemos compreendê-lo olhando novamente para o cenário da Anunciação. Em muitas pinturas Maria é representada sentada diante do anjo com um pequeno livro nas mãos. Este livro é a Sagrada Escritura. Assim Maria costumava ouvir Deus e estar com Ele. A Palavra de Deus era o seu segredo: perto do seu coração, depois Se encarnou no seu seio. Permanecendo com Deus, dialogando com Ele em todas as circunstâncias, Maria tornou bela a sua vida. O que faz bela a vida não é a aparência, não é aquilo que é passageiro, mas o coração orientado para Deus. Contemplemos hoje com alegria a *cheia de graça*. Peçamos-Lhe que nos ajude a permanecer jovens, dizendo "não" *ao pecado*, e a levar uma vida bonita, dizendo "sim" *a Deus*.

Ave Maria cheia de graça

o Senhor é connosco,

bendita sois vós entre as mulheres

e bendito é o fruto do vosso ventre, Jesus.

Santa Maria, Mãe de Deus,

rogai por nós pecadores,

agora e na hora da nossa morte.

Amém.

# O SENHOR É CONVOSCO

*No segundo verso da Ave-Maria dizemos "o Senhor é convosco". Penso que, para Maria, Deus não é uma ação intelectual, mas uma busca e, como toda busca, é inquieta, e até mesmo perigosa. E eu gosto disso porque dizer "o Senhor é convosco" é um pouco como um complemento de companhia, é como dizer: "Veja que no seu coração está acontecendo uma história de amor com Deus". No entanto – penso muitas vezes – em toda história de amor, com o amor e a surpresa vem também o medo. Podemos ter medo quando Deus bate à porta e nos chama para uma aventura?*

Claro, isso é um bom sinal. Se um jovem de hoje em dia, uma garota de hoje, escuta um chamado especial do Senhor e não tem medo, significa que algo está faltando, fico com uma certa dúvida. Em vez disso, quando, com o entusiasmo por esse chamado, se experimenta também o medo, então se pode ir em frente, porque Deus chama para coisas grandes e, se formos sinceros, reconheceremos nossa pequenez: é normal, é humano ter medo de se enganar, e temer – no caso dos jovens que sentem o chamado para seguir Jesus mais de perto, na vida consagrada, no sacerdócio, e também no matrimônio *comme il faut* [como deve ser] – que esse chamado que se repete no tempo seja uma fantasia, uma ilusão. Há um medo aberto e um medo fechado. O medo fechado é aquele que faz de você um escravo: você se torna filho dele. Esse medo não serve, não deixa você crescer. O aberto é o santo temor de Deus. Tenho medo, tenho temor, mas vou adiante experimentando ao mesmo tempo medo e segurança.

*Na hora de tomar uma decisão, algumas pessoas costumam dizer: "Não tenha medo, estou ao seu lado, faço companhia a você". Mas no momento crucial da decisão a pessoa se encontra tremendamente sozinha. Naquele dia, naquela sala, Maria estava sozinha com Deus. Papa Francisco, confesso que, quando penso em Maria, logo me recordo precisamente da figura do papa, quando deve tomar uma decisão diante de Deus e diante da Igreja. Penso que o senhor é a pessoa mais solitária de todos os solitários do mundo, e gostaria de lhe perguntar: como fazer para não sucumbir sob o peso de semelhante medo?*

Não apenas o papa: muitos homens e mulheres, em momentos difíceis da vida, têm que fazer uma escolha. Uma boa decisão é tomada graças aos conselhos, consultando as pessoas, mas no momento decisivo você está sozinho diante do Senhor. Maria estava sozinha naquele momento: se assusta, no começo não entende bem, pois jamais havia imaginado um chamado desse tipo, manifesta suas próprias dificuldades. No entanto, quando recebe a explicação, então vai adiante: sozinha, mas com o Senhor. A coragem de uma garota que, depois de ter compreendido o que se espera dela, aceita prosseguir.

*De fato, as primeiras palavras de Maria nos Evangelhos são uma pergunta: como é possível isso? Dizer a uma pessoa "o Senhor está com você" é fazer um anúncio. Papa Francisco, pensando na história do seu chamado sacerdotal na Argentina, o senhor sentiu o apelo dessa voz? Os chamados de Deus servem para libertar as pessoas, também do medo. Por outro lado, o sonho das ditaduras é fazer delas verdadeiras escravas. Um dia encontrei-me com uma mãe da Praça de Maio, que me falou de sua filha, que foi jogada de um avião durante os voos da morte, na guerra. Como se faz para encontrar coragem para dizer a uma mãe para a qual foi anunciada a morte de um filho, de uma filha, "o Senhor está com você"?*

Posso dizer o que fiz com elas. A uma mãe que sofreu aquilo que sofreram as mães da Praça de Maio eu permito tudo. Pode falar tudo, porque é impossível compreender a dor de uma mãe. Algumas me disseram: "Queria pelo menos ver o corpo, os ossos da minha filha, saber onde está sepultada".

É uma experiência terrível, a de uma mulher a quem arrancaram um filho. Existe uma memória que chamo de "memória materna", algo de físico, uma memória de carne e osso. Essa memória pode até explicar a angústia. Muitas vezes dizem: "Onde estava a Igreja naquele momento, por que não nos defendeu? Eu me calo e as acompanho. O desespero das mães da Praça de Maio é terrível. Não podemos fazer outra coisa que acompanhá-las e respeitar a sua dor, tomá-las pela mão, mas é difícil.

*Se lemos o Evangelho com olhos de mulher, com os olhos de Maria, uma coisa aparece claríssima: onde está Maria existe uma concentração extraordinária do Espírito Santo. Mas Maria foi uma mulher como todas as outras: não entendeu de imediato como terminaria aquela história. Ela também teve que aceitar um mistério que ia se tornando mais claro com o passar do tempo. Um autor que lhe agrada muito, Romano Guardini, escreve que a fé de Maria é uma "fé que persevera no incompreensível, esperando que chegue a luz de Deus". Maria teve que descobrir o Mistério pouco a pouco: exercitando a memória, declarando sua pertença aos pobres de Deus, admitindo que o impossível para os homens é possível para Deus. Ela confiou.*

Sim, ela confiou. No momento da apresentação de Jesus no Templo, o velho Simeão disse algo a Maria, lhe falou de um sinal: "Eis que esse menino está aqui para a ruína e edificação de muitos em Israel, e como sinal de contradição. E a ti uma espada transpassará a tua alma" (Lc 2,34-35). Mais tarde, doze anos depois, quando Jesus ficou em Jerusalém, Maria experimentou uma terrível angústia: aqui está o momento de espada, teria pensado, precisamente porque Simeão havia profetizado. Por isso seguia o Filho. Sozinha no momento da Anunciação e sozinha no momento da morte do Filho.

# A FÉ: FIDELIDADE E CONFIANÇA

Hoje estamos diante de uma das maravilhas do Senhor: Maria! Uma criatura humilde e frágil como nós, escolhida para ser Mãe de Deus, Mãe do seu Criador.

Precisamente olhando Maria, [...], gostaria de refletir convosco sobre três realidades: a primeira, *Deus nos surpreende*; a segunda, *Deus nos pede fidelidade*; a terceira, *Deus é a nossa força*.

[...] Deus nos surpreende; é precisamente na pobreza, na fraqueza, na humildade que Ele Se manifesta e nos dá o Seu amor que nos salva, cura, dá força.

Pede somente que sigamos a Sua Palavra e tenhamos confiança Nele.

Esta é a experiência da Virgem Maria: perante o anúncio do Anjo, não esconde a Sua admiração. Fica admirada ao ver que Deus, para Se fazer homem, escolheu precisamente a Ela, jovem simples de Nazaré, que não vive nos palácios do poder e da riqueza, que não realizou feitos extraordinários, mas que está disponível a Deus, sabe confiar Nele, mesmo não entendendo tudo: "Eis a serva do Senhor, faça-se em Mim segundo a tua palavra" (Lc 1,38). É a Sua resposta. Deus nos surpreende sempre, rompe os nossos esquemas, põe em crise os nossos projetos, e diz-nos: confia em Mim, não tenhas medo, deixa-te surpreender, sai de ti mesmo e segue-Me!

Hoje perguntemo-nos, todos, se temos medo daquilo que Deus poderá nos pedir ou está pedindo. Deixo-me surpreender por Deus, como fez Maria, ou fecho-me nas minhas seguranças, seguranças materiais, seguranças intelectuais, seguranças ideológicas, seguranças dos meus projetos? Deixo verdadeiramente Deus entrar na minha vida? Como Lhe respondo?

[...] o segundo ponto: lembrar-se sempre de Cristo, da memória de Jesus Cristo, e isto significa perseverar na fé. Deus surpreende-nos com o seu amor, mas *pede fidelidade em segui-Lo*. Podemos nos tornar "não fiéis", mas Ele não pode; Ele é "o fiel" e pede-nos a mesma fidelidade. Pensemos quantas vezes já nos entusiasmamos por qualquer coisa, por uma iniciativa, por um compromisso, mas então, ao surgirem os primeiros problemas, abandonamos. E, infelizmente, isso acontece também com as opções fundamentais, como a do matrimônio. É a dificuldade de sermos constantes, de sermos fiéis às decisões tomadas, aos compromissos assumidos. Muitas vezes é fácil dizer "sim", mas depois não conseguimos repetir este "sim" todos os dias. Não conseguimos ser fiéis.

Maria disse o seu "sim" a Deus, um "sim" que transtornou a sua vida humilde de Nazaré, mas não foi o único; muito pelo contrário, foi apenas o primeiro de muitos "sins" pronunciados no Seu coração tanto nos Seus momentos felizes, como nos dolorosos, tantos "sins" que culminaram no "sim" ao pé da Cruz. Estão aqui hoje muitas mães; pensem até onde chegou a fidelidade de Maria a Deus: ver o seu único Filho na Cruz. A mulher fiel, de pé, destruída por dentro, porém fiel e forte.

E eu me pergunto: sou um cristão "de vez em quando" ou sou cristão sempre? Infelizmente, a cultura do provisório, do relativo penetra também na vivência da fé. Deus pede-nos para Lhe sermos fiéis, todos os dias, nas ações cotidianas; e acrescenta: mesmo se às vezes não Lhe somos fiéis, Ele é sempre fiel e, com a sua misericórdia, não Se cansa de nos estender a mão para nos erguer e encorajar a retomar o caminho, a voltar para Ele e confessar-Lhe a nossa fraqueza a fim de que nos dê a Sua força. E este é o caminho definitivo: sempre com o Senhor, mesmo com as nossas fraquezas, mesmo com os nossos pecados. Nunca podemos ir pela estrada do provisório. Isso nos destrói. A fé é a fidelidade definitiva, como a de Maria.

O último ponto: *Deus é a nossa força*. [...] Vejamos Maria: depois da Anunciação, o primeiro gesto que ela realiza é um ato de caridade com a sua parente idosa Isabel; e as primeiras palavras que profere são: "A minha alma engrandece o Senhor", ou seja, um cântico de louvor e agradecimento a Deus, não só pelo que fez Nela, mas também pela Sua ação em toda a história da salvação. Tudo é dom Dele. Se conseguirmos entender que tudo é dom de Deus, então quanta felicidade teremos no nosso coração! Tudo é dom Dele. Ele é a nossa força! Dizer "obrigado" parece tão fácil, e todavia é tão difícil! Quantas vezes dizemos "obrigado" em família? Esta é uma das palavras-chave da convivência. "Com licença", "perdão", "obrigado": se numa família se dizem estas palavras, a família vai em frente. "Com licença", "perdão", "obrigado". Quantas vezes dizemos "obrigado" à nossa família? Quantas vezes dizemos "obrigado" a quem nos ajuda, vive perto de nós e nos acompanha na vida? Muitas vezes damos tudo isso como pressuposto! E o mesmo acontece com Deus. É fácil ir até ao Senhor para pedir alguma coisa, mas ir agradecer-Lhe... "Ah, esqueci".

Continuando a Eucaristia, invocamos a intercessão de Maria, para que nos ajude a deixarmo-nos surpreender por Deus sem resistências, a sermos fiéis a Ele todos os dias, a louvá-Lo e agradecer-Lhe porque Ele é a nossa força.

Ave Maria cheia de graça

o Senhor é connosco,

bendita sois vós entre as mulheres

e bendito é o fruto do vosso ventre, Jesus.

Santa Maria, Mãe de Deus,

rogai por nós pecadores,

agora e na hora da nossa morte.

Amém.

# BENDITA SOIS VÓS ENTRE AS MULHERES

*A Maria, primeiro o anjo, e depois a prima Isabel dizem uma coisa estupenda: "Bendita sois vós entre as mulheres". Relaciono o verbo "bendizer" com o conceito de esperança: existem coisas que podem nascer sobre a dificuldade. Em palavras simples, o que significa que Maria entre todas as mulheres era a bendita?*

Maria é bendita porque nasceu sem culpa, sem pecado. Foi escolhida para ser Mãe, para dar carne a Deus, e dar carne a Deus não é uma bênção?

Nossas mães quando nos conceberam e depois deram à luz, não eram benditas e felizes porque haviam dado vida a um filho? Pensemos, portanto, em Maria, que concebe precisamente de Deus e dá carne a Deus: uma bênção maior do que a de todas as nossas mães.

*Ao ler o Evangelho, compreendemos que a sala de estar de Maria era a estrada. Maria vivia uma vida ordinária, como aquela que nos contava também dom Tonino Bello, que ia ao mercado, barganhava os preços. Vejo também as mesmas angústias. Situar Maria na estrada não significa banalizá-la, mas levar em consideração o contexto no qual ela se preparou, com uma vida simples, para estar disponível em relação a Deus e ao seu chamado.*

Maria é uma mulher que levou uma vida normal.

*O que é a normalidade?*

Viver com o povo e como o povo. Não é normal viver sem raízes com um povo, sem vínculo com um povo histórico. Nesse caso, surge um pecado que agrada muito a Satanás, nosso inimigo: o pecado do *elitismo*. O elitista não sabe o que significa viver com o povo. Quando falo de *elitismo*, não me refiro a uma classe social, falo de uma atitude da alma. Pode-se pertencer a uma Igreja *elitista*, mas como diz o Concílio [Vaticano II] na *Lumen gentium*, a Igreja é o santo povo fiel de Deus (cf. LG 12). A Igreja é povo, o povo de Deus. E ao diabo agradam as *elites*.

*Quem sabe, exatamente por isso, nos impressiona a normalidade dessa mulher. O tema da bendita nos leva ao do afeto: o Deus cristão é um Deus afetuoso. Na exortação apostólica* Evangelii gaudium *o senhor escreveu: "sempre que olhamos para Maria, voltamos a acreditar na força revolucionária da ternura e do afeto" (EG 288). Se o senhor evoca essas duas palavras pensando em Maria, provavelmente alguém as colocou em seu coração. Quem lhe ensinou a ternura de Maria quando era criança?*

Algumas mulheres de minha família (minha mãe e minhas avós, uma em particular) e a irmã religiosa que me preparou para a primeira comunhão, silenciosa, bondosa. Recordo como nos ensinava o amor por Nossa Senhora. A essa mulher está ligada uma experiência muito profunda. Em 17 de outubro de 1986, voltei para a Argentina, vindo da Alemanha e me disseram que ela havia falecido exatamente naquele dia. No dia seguinte, bem cedo, sentei-me ao lado do seu caixão e não saí daquele banco da igreja até as três horas da tarde, rezando e recordando. Depois a acompanhei ao cemitério. Quem sabe essa mulher tenha sido a que mais me ensinou sobre Maria. Chamava-se Dolores.

*O senhor frequentemente se recorda de uma avó.*

Uma avó com a qual eu tinha um vínculo especial. Meus avós paternos viviam a cerca de cinquenta metros de nossa casa e, quando minha mãe teve o segundo filho, treze meses depois de mim, minha avó vinha todas as manhãs me buscar e me devolvia em casa lá pelas quatro da tarde. Poderia dizer que minha língua materna é o piemontês porque os avós falavam entre eles em dialeto, e isso teve grande influência em minha vida.

# O SORRISO DE SE SENTIR POVO

Começar o ano lembrando a bondade de Deus no rosto materno de Maria, no rosto materno da Igreja, no rosto das nossas mães, protege-nos daquela doença corrosiva que é a "orfandade espiritual": a orfandade que a alma vive quando se sente sem mãe e lhe falta a ternura de Deus; a orfandade que vivemos quando se apaga em nós o sentido de pertença a uma família, a um povo, a uma terra, ao nosso Deus; a orfandade que encontra espaço no coração narcisista que sabe olhar só para si mesmo e para os próprios interesses, e cresce quando esquecemos que a vida foi um dom – devemos nossa vida a outros – e somos convidados a partilhá-la nesta casa comum.

Foi esta orfandade autorreferencial que levou Caim a dizer: "Sou, porventura, guarda do meu irmão?" (Gn 4,9). Como se declarasse: ele não me pertence, não o reconheço. Tal atitude de orfandade espiritual é um câncer que silenciosamente enfraquece e degrada a alma. E assim, pouco a pouco, nos vamos degradando, já que ninguém nos pertence e nós não pertencemos a ninguém: degrado a terra, porque não me pertence; degrado os outros, porque não me pertencem; degrado a Deus, porque não Lhe pertenço; e, por fim, acabamos por nos degradar a nós próprios, porque esquecemos quem somos e o "nome" divino que temos.

A perda dos laços que nos unem, típica da nossa cultura fragmentada e dividida, faz com que cresça esta sensação de orfandade e, por conseguinte, de grande vazio e solidão. A falta de contato físico (e não virtual) vai cauterizando os nossos corações (cf. Encíclica *Laudato si'*, 49), fazendo-lhes perder a capacidade da ternura e da maravilha, da piedade e da compaixão. A orfandade espiritual nos faz perder a memória do que significa ser filhos, ser netos, ser pais, ser avós, ser amigos, ser crentes; faz-nos perder a memória do valor da diversão, do canto, do riso, do repouso, da gratuidade.

Celebrar a festa da Santa Mãe de Deus faz brotar novamente em nosso rosto o sorriso de nos sentirmos povo, de sentir que nos pertencemos; saber que as pessoas, somente dentro de uma comunidade, de uma família, podem encontrar a "atmosfera", o "calor" que permite aprender a crescer como seres humanos, e não como meros objetos destinados a "consumir e ser consumidos". Celebrar a festa da Santa Mãe de Deus lembra-nos de que não somos mercadoria de troca nem terminais receptores de informação. Somos filhos, somos família, somos povo de Deus.

Celebrar a Santa Mãe de Deus impele-nos a criar e a cuidar espaços comuns que nos deem sentido de pertença, de enraizamento, que nos façam sentir em casa dentro da nossa cidade, em comunidades que nos unam e sustentem (cf. *ibid.*, 151).

Jesus Cristo, no momento do dom maior que foi o da sua vida na Cruz, nada quis reter para Si e, ao entregar a sua vida, entregou-nos também sua Mãe. Disse a Maria: Eis o teu filho, eis os teus filhos. E nós queremos acolhê-La em nossa casa, em nossa família, em nossa comunidade, em nosso país. Queremos encontrar o seu olhar materno: aquele olhar que nos liberta da orfandade; aquele olhar que nos lembra que somos irmãos, isto é, que eu pertenço a você, que você me pertence, que somos da mesma carne. Aquele olhar que nos ensina que devemos aprender a cuidar da vida do mesmo modo e com a mesma ternura com que Ela cuidou: semeando esperança, semeando pertença, semeando fraternidade.

Ave Maria cheia de graça

o Senhor é connosco,

bendita sois vós entre as mulheres

e bendito é o fruto do vosso ventre, Jesus.

Santa Maria, Mãe de Deus,

rogai por nós pecadores,

agora e na hora da nossa morte.

Amém.

# E BENDITO É O FRUTO DO VOSSO VENTRE, JESUS

*Sempre penso que o verbo "bendizer" está estreitamente ligado ao verbo "maldizer". Uma maldição pode ser cancelada por uma bênção. O pecado de Eva leva consigo consequências dolorosas (cf. Gn 3,16), enquanto Deus disse a Maria por meio do anjo: "Alegra-te, cheia de graça" (Lc 1,28), e a prima Isabel, "cheia do Espírito Santo", exulta: "bendito fruto do teu ventre!" (Lc 1,41-42). É como se Maria fosse a resposta às chacotas de Satanás. Papa Francisco, o tema do demônio é crucial no seu magistério; por que esse ser imundo odeia tanto Maria?*

Porque Maria levou no seu ventre o Salvador, trouxe a regeneração ao mundo, trouxe Deus para a humanidade. Foi ela quem subiu os degraus para que Deus viesse até nós. Padre Rupnik criou uma imagem de Nossa Senhora com o menino. As mãos de Maria são as escadarias pelas quais desce Jesus, que com uma das mãos segura o rolo da Lei [Sagrada Escritura] e com a outra Se agarra ao manto de Maria. Deus Se segurou em uma mulher para vir até nós. É uma imagem muito significativa da complacência de Deus, que Se fez totalmente próximo de nós, exatamente por meio de uma mulher, através do "sim" disponível de uma do nosso meio. Por isso Satanás odeia tanto Nossa Senhora: porque Ela foi o instrumento da complacência de Deus.

*E sobretudo é Ela que desmascara todas as mentiras que Satanás disse sobre Jesus. O versículo que encerra a primeira parte da* Ave-Maria *introduz precisamente o Filho: "e bendito é o fruto do vosso ventre, Jesus". Certa vez li a redação de um menino do terceiro ano do ensino fundamental. Falando de sua mãe, ele escreveu:*

*"Se você me deu a vida, significa que ao menos por um dia você foi Deus. Você é o máximo, mamãe!" Eu, como filho, penso em um filho como uma bênção. Mas, andando pelas estradas do mundo, descobrimos que para muitas mulheres um filho ou uma filha pode ser também uma maldição. Existem mulheres que – com o aborto, com o abandono – não aceitam um filho. Mas na verdade um filho pode ser uma maldição?*

Um filho jamais pode ser uma maldição. Pode ser uma cruz, para a mãe. Há pouco tempo foi introduzida a causa de beatificação de uma jovem mulher de Roma, morta aos 23 anos. Foi descoberta uma enfermidade durante sua gravidez e ela rejeitou o tratamento para proteger o filho até o seu nascimento. Para ela aquele filho era verdadeiramente uma bênção. Existe uma palavra de que gosto muito: *ternura*. Outro dia um senhor me disse, falando da humanidade, que perdemos a capacidade de amar, perdemos a memória dos afetos, a memória da ternura. Hoje precisamos de uma revolução da ternura. Pensemos na imagem da Mãe de Deus: é a imagem da ternura que cuida, seu rosto junto ao rosto do seu filho. Temos necessidade da Mãe da ternura: essa é a bênção. Sem ternura não se compreende uma mãe, sem ternura não se pode entender Maria. Na catedral de Bari contemplei o ícone da Virgem Odigitria: era a primeira vez que eu via o Menino quase totalmente nu, parcialmente coberto por Maria com seu manto. Maria cobre a nossa nudez; a mãe é a única que pode entender um filho porque o conhece nu desde o seu ventre, do seu útero, lhe deu à luz nu. Depois Maria recebe a Cristo nu ao pé da Cruz e o cobre de novo. Maria é uma bênção para nós porque é a Mãe da nossa nudez: o mal, o pecado nos desnuda. Ela nos cobre sempre.

*Sempre penso que Maria poderia ter dito "não". Muitas pessoas pensam que Maria teria sido constrangida a dizer "sim": ao contrário, ela poderia ter dito "não" e por isso o seu "sim" foi ainda maior. Vivemos em um mundo que sonha em ser livre fazendo escravos os demais; neste mundo Maria afirma que para sermos livres precisamos ser servos do Senhor. Como dizia Santo Agostinho: servir é reinar. A liberdade de Maria é um sinal de contradição.*

Existe um momento de espera entre a proposta do anjo e a resposta de Maria. Em um texto precioso, São Bernardo se dirige diretamente a Maria e lhe suplica: "Apressa-te, Maria, apressa-te, nós temos necessidade de salvação!" (cf. *Homilias*, 4, 8-9).

*E onde Maria encontrou forças para carregar o peso desse chamado?*

Maria não era onipotente, era uma mulher normal. Cheia de graça, mas normal. A força é a da graça do Espírito Santo: Maria está cheia do Espírito Santo que A acompanha durante toda a vida.

*Cada vez que penso em minha história pessoal, fico sempre surpreso de que exista um Deus que decide depender da liberdade dos homens. Mas também é um Deus que às vezes dá medo: a história está cheia de chamados de Deus que não receberam resposta por parte dos homens. Por que Deus é tão temerário quando se trata de dialogar com a humanidade?*

Porque dialoga com os filhos. Pensemos no pai do filho pródigo (cf. Lc 15,11-32): dialoga com ambos os filhos, aquele que foi embora para viver uma vida dissoluta e o outro, aquele perfeito, que, no entanto, revela a ambição de ocupar o lugar do pai. Os dois estão distantes do amor do pai. Deus arrisca como o pai que espera todos os dias o regresso do mais novo e, segundo nos conta o Evangelho, o vê chegar ainda longe. Depois, quando percebe que o mais velho não participa da festa, sai para chamá-lo. Esse pai apostou em seus filhos. Os místicos falam de loucura divina, o amor de Deus por seu povo é uma loucura: Ele não escolheu você por ser o mais inteligente, o maior, o mais forte; você é o menor do mundo (cf. Dt 7,7). Deus ama desse jeito.

*O Papa João Paulo I disse que Deus, além de Pai, é também Mãe. Preparando essa viagem pela Ave-Maria, encontrei uma filósofa que me abriu uma perspectiva preciosa sobre a maternidade. Segundo Luisa Muraro, "não existem mães, o que existem são mulheres que se tornam mães, por uma necessidade, por um pranto e, para responder a isso, primeiro recordam e logo em seguida esquecem suas próprias necessidades". É bonito colocar o outro antes de si mesmo.*

Muito poético e verdadeiro. Mas ao dizer que Deus é Pai e Mãe, o Papa João Paulo I não disse nada de extraordinário. Deus disse isso de Si mesmo por meio de Isaías e de outros profetas: apresentou-se como uma mãe: "te projeto como uma mãe, uma mãe que não pode se esquecer de seu filho, e ainda que ela se esquecesse eu não poderia esquecer-te jamais" (cf. Is 49,15).

*Papa Francisco, quando o senhor lê essa passagem, vem em sua mente a imagem de sua própria mãe?*

Sim, devemos nossa vida a uma mulher. E, quando recitamos a *Ave-Maria*, estabelecemos um vínculo natural entre a Virgem Maria e nossas mães.

# A TERNURA MATERNA DE DEUS

Longe de querer compreender ou dominar a situação, Maria é a mulher que sabe conservar, isto é, *proteger*, guardar no seu coração a passagem de Deus na vida do seu povo. Aprendeu a sentir a pulsação do coração do seu Filho, ainda quando Ele estava no seu ventre, ensinando-Lhe a descobrir, durante toda a vida, o palpitar de Deus na história. Aprendeu a ser Mãe e, nessa aprendizagem, proporcionou a Jesus a bela experiência de saber-Se Filho. Em Maria, o Verbo eterno não só Se fez carne, mas aprendeu também a reconhecer a ternura maternal de Deus. Com Maria, o Deus-Menino aprendeu a ouvir os anseios, as angústias, as alegrias e as esperanças do povo da promessa. Com Ela, descobriu-Se a Si mesmo como Filho do santo povo fiel de Deus.

Nos Evangelhos, Maria aparece como mulher de poucas palavras, sem grandes discursos nem protagonismos, mas com um olhar atento que sabe guardar a vida e a missão do seu Filho e, consequentemente, de tudo o que Ele ama. Soube guardar o amanhecer da primeira comunidade cristã, aprendendo deste modo a ser Mãe de uma multidão. Aproximou-Se das mais diversas situações, para semear esperança. Acompanhou as cruzes, carregadas no silêncio do coração dos seus filhos. Muitas devoções, muitos santuários e capelas nos lugares mais remotos, muitas imagens espalhadas pelas casas lembram-nos essa grande verdade.

Maria deu-nos o calor materno, que nos envolve no meio das dificuldades; o calor materno que não deixa nada nem ninguém apagar no seio da Igreja a revolução da ternura inaugurada pelo seu Filho. Onde há uma mãe, há ternura. E Maria, com a sua maternidade, mostra-nos que a humildade e a ternura não são virtudes dos fracos, mas dos fortes; ensina-nos que não há necessidade de maltratar os outros para se sentir importante (cf. *Evangelii gaudium*, 288). E o santo povo fiel de Deus, desde sempre, A reconheceu e aclamou como a Santa Mãe de Deus.

Celebrar, no início de um novo ano, a maternidade de Maria como Mãe de Deus e nossa Mãe significa avivar uma certeza que nos há de acompanhar no decorrer dos dias: somos um povo com uma Mãe, não somos órfãos.

As mães são o antídoto mais forte contra as nossas tendências individualistas e egoístas, contra os nossos isolamentos e apatias. Uma sociedade sem mães seria não apenas uma sociedade fria, mas também uma sociedade que perdeu o coração, que perdeu o "sabor de família". Uma sociedade sem mães seria uma sociedade sem piedade, com lugar apenas para o cálculo e a especulação. Com efeito, as mães, mesmo nos momentos piores, sabem testemunhar a ternura, a dedicação incondicional, a força da esperança. Aprendi muito com as mães que, tendo os filhos na prisão ou deitados numa cama de hospital ou subjugados pela escravidão da droga, faça frio ou calor, faça chuva ou sol, não desistem e continuam a lutar para lhes dar o melhor; ou com as mães que, nos campos de refugiados ou até no meio da guerra, conseguem abraçar e sustentar, sem hesitação, o sofrimento dos seus filhos. Mães que dão, literalmente, a vida para que nenhum dos filhos se perca. Onde houver mãe, há unidade, há sentido de pertença: pertença de filhos.

Ave Maria cheia de graça

o Senhor é convosco,

bendita sois vós entre as mulheres

e bendito é o fruto do vosso ventre, Jesus.

Santa Maria, Mãe de Deus,

rogai por nós pecadores,

agora e na hora da nossa morte.

Amém.

# SANTA MARIA

"Santa Maria": assim começa a segunda parte da Ave-Maria. *Os estudiosos dizem que existem relatos da primeira parte desde o século IV. Recolhe as palavras do anjo e de Isabel, provenientes do Evangelho de Lucas. A segunda, ao contrário, aparece uns mil anos depois. E é bonito que a segunda parte comece com o tema da santidade, um tema muito valoroso ao seu coração, Papa Francisco. Na exortação apostólica* Gaudete et exsultate, *o senhor escreveu: "gosto de ver a santidade no povo de Deus paciente", [...] a santidade 'da porta ao lado', daqueles que vivem perto de nós e são um reflexo da presença de Deus". E acrescenta uma imagem maravilhosa: "a classe média da santidade" [nº 7].*

A santidade de Maria é mais fácil de dizer do que compreender. É ter a plenitude do Espírito em si mesmo. Maria é o que é precisamente pelo fato de estar repleta do Espírito Santo. A expressão "a classe média da santidade" não é minha, eu a roubei de um escritor francês, Joseph Malègue, foi ele quem ousou dizer: "O escândalo e a dificuldade não é entender se Deus existe, mas compreender que Deus se fez Cristo[1]". Esta é a perplexidade. E a Virgem Maria está no centro dessa perplexidade. A santidade está no centro dessa complexidade. Não podemos entender a santidade sem entender esse sentido complexo, que Deus se fez Jesus Cristo, ou seja, verdadeiro homem como nós e verdadeiro Deus. A santidade de Maria é a plenitude do Espírito Santo, e a nossa santidade é deixar que Deus se faça Cristo em nós, nas pequenas coisas de cada dia. Quis citar na exortação apostólica sobre a santidade *Gaudete et exsultate*, um pequeno exemplo que me agrada muito. Uma senhora encontra uma amiga no mercado, começam a falar e, pouco a pouco, começam a murmurar e criticar. Mas esta mulher prometera para si mesma não falar mal de ninguém. Ela se dá conta a tempo e cessa de destruir a boa imagem dos outros[2]. Eis um pequeno passo na direção da santidade, a santidade do dia a dia, da simplicidade, da classe média, como diria Malègue.

---

1. Cf. Joseph Malègue, *Pierres noires. Les classes moyennes du Salut*, Paris 1958. (N.T.).
2. Cf. *Gaudete et exsultate* nº 16. (N.T.).

*Fico fascinado com o uso dos verbos no seu magistério destes anos: não surpreender a Deus, mas deixar-se surpreender por Deus; não encontrar Deus, mas deixar-se encontrar por Deus. Corrija-me se estiver errado: quem sabe a santidade não é fazer as coisas para Deus, mas deixar que Deus faça as coisas para mim. Mais que preencher-se é esvaziar-se: permitir que Deus passe. Na realidade, me custa aceitar que Deus insista em amar alguém como eu. Fico envergonhado com sua predileção por mim. É como se me dissesse: "Você é um pecador e tenho que salvar você o quanto antes". Custa-me aceitar que Deus, disfarçado, por detrás das pessoas, faça alguma coisa por mim, porque isso me faz sentir fraco, necessitado...*

É assim mesmo: é deixar que Deus aja em nós, por meio dos outros. A santidade é deixar Deus agir. Não devemos esquecer que um dos inimigos da santidade é o espírito pelagiano, ou seja a insistência sobre a vontade humana e não sobre a graça: "Deixe que eu mesmo faço, deixe comigo, eu, eu". É Deus quem realiza tudo, Deus está sempre "primeiro". No livro do profeta Jeremias, de fato, o Senhor para falar de sua intervenção em favor do povo usa a imagem do ramo de amendoeira (cf. Jr 1,11-12). Por quê? Porque floresce primeiro. É primavera.

O Senhor se antecipa sempre, sua ação sempre nos antecipa. Uma maneira poética de descrever Deus que me vem à mente é por meio de um diálogo entre o carvalho e a amendoeira. O carvalho perguntou a amendoeira: "Fale-me sobre Deus". E a amendoeira floresceu.

*A resposta é a floração! É uma resposta ligada à beleza: a beleza de um quadro, de uma paisagem, de um encontro. Quanto influencia a beleza no encontro com Cristo, Papa Francisco?*

É importante. O anjo não diz a Maria: "Tu és plena de razão, és inteligente, és cheia de virtudes, és uma mulher extremamente bondosa". Não: "És cheia de graça", ou seja, de gratuidade, de beleza. Nossa Senhora é bela por excelência. A beleza é uma das dimensões humanas que em geral descuidamos. Falamos da verdade, da bondade e deixamos de lado a beleza. No entanto ela é tão importante quanto as outras. É importante encontrar Deus na beleza.

*É belo sermos garimpeiros da beleza. Vem à minha mente que, cada vez que vejo a minha mãe ligar a máquina de lavar roupas, enquanto lava minha roupa suja, penso que se um dia minha mãe se tornar santa é porque lavou roupas com um sorriso. E me vêm na mente também os versos de uma poetisa búlgara que ligo imediatamente ao tema da santidade: "Nenhum medo de que me pisem. Quando espezinhada a erva se transforma em caminho". Beleza é Maria que nos mostra como deixar-se pisar, e quem sabe também ser provocado por gente que se considera inteligente.*

Maria é espezinhada, sim.

*Pensemos nos pintores populares de rua: as pessoas caminham sobre suas imagens de Nossa Senhora e eles continuam pintando.*

Maria foi espezinhada, mal falada, também durante a sua vida. Imagine os comentários lá no Calvário: "Olhe só a mãe do criminoso, como o terá educado..."

*Espezinhada como as mães dos detentos fora do presídio segundo aquela imagem terrível que o senhor usa para falar da Igreja.*

Passei muitas vezes de ônibus diante do presídio de Villa Devoto, em Buenos Aires. Havia uma fila de mães e todos olhavam para essas mulheres prontas para entrar e visitar um filho. Não é difícil imaginar a humilhação que deve sofrer uma mulher, os registros... Mas não importa, é por um filho. Se deixam espezinhar, o que importa é o filho. A Maria importava o Filho. Não os comentários dos outros. Por isso ela estava no Calvário. Mas ali também o Filho a abandona, não somente porque abandona a vida. Ele lhe diz: "agora terás outros filhos", e dá a nós todos a sua mãe que nos dá à luz na cruz.

# ORAÇÃO À IMACULADA CONCEIÇÃO

na Piazza di Spagna [Roma]

Virgem Santa e Imaculada,
que sois a honra do nosso povo
e a guardiã solícita da nossa cidade,
a Vós nos dirigimos com amorosa confiança.

Toda sois Formosa, ó Maria!
Em Vós não há pecado.

Suscitai em todos nós um renovado desejo de santidade:
na nossa palavra, refulja o esplendor verdade,
nas nossas obras, ressoe o cântico da caridade,
no nosso corpo e no nosso coração, habitem pureza e castidade,
na nossa vida, se torne presente toda a beleza do Evangelho.

Toda sois Formosa, ó Maria!
Em Vós se fez carne a Palavra de Deus.

Ajudai-nos a permanecer numa escuta atenta da voz do Senhor:
o grito dos pobres nunca nos deixe indiferentes,
o sofrimento dos doentes e de quem passa necessidade não nos encontre distraídos,
a solidão dos idosos e a fragilidade das crianças nos comovam,
cada vida humana sempre seja, por todos nós, amada e venerada.

Toda sois Formosa, ó Maria!
Em Vós, está a alegria plena da vida beatífica com Deus.

Fazei que não percamos o significado do nosso caminho terreno:
a luz terna da fé ilumine os nossos dias,
a força consoladora da esperança oriente os nossos passos,
o calor contagiante do amor anime o nosso coração,
os olhos de todos nós se mantenham bem fixos em Deus, onde está a verdadeira alegria.

Toda sois Formosa, ó Maria!
Ouvi a nossa oração, atendei a nossa súplica:
esteja em nós a beleza do amor misericordioso de Deus em Jesus,
seja esta beleza divina a salvar-nos a nós, à nossa cidade, ao mundo inteiro.

Amém.

Ave Maria cheia de graça

o Senhor é convosco.

bendita sois vós entre as mulheres

e bendito é o fruto do vosso ventre, Jesus.

Santa Maria, Mãe de Deus,

rogai por nós pecadores,

agora e na hora da nossa morte.

Amém.

# MÃE DE DEUS

*"Santa Maria, Mãe de Deus"*: quem sabe, não pensemos o suficiente que na Ave-Maria *não dizemos "Mãe de Jesus", mas "Mãe de Deus". A memória volta para aquele famoso Concílio de Éfeso no ano 431. Duzentos bispos diante de um povo que aclamava Maria "Mãe de Deus", em grego* Theotókos. *É muito bonito pensar que Deus, o Deus que nos ensinaram a imaginar idoso, de barba branca, é um menino nos braços de sua mãe. Não existe mais aquela distância entre mim e Deus.*

Aquele povo sabia o que dizia. Não apenas gritava. Segundo a tradição, traziam porretes nas mãos.

Era isso que estava reservado para os bispos, caso não tivessem proclamado a Virgem Maria como "Mãe de Deus": os porretes.

*Muda tudo entre dizer Mãe de Jesus e Mãe de Deus.*

O povo conhecia a verdade. Maria é verdadeiramente a Mãe de Deus. Deus se torna pequeno. Assim se entende o que Paulo, na carta aos Filipenses, disse ao Filho de Deus que "embora sendo de condição divina, [...] se humilhou a si mesmo fazendo-se obediente até a morte e morte de cruz" (Fl 2,6-8). Deus carregou sobre Si todos os nossos pecados. Paulo pensava: Deus Se fez pecado. Não fez pecados, mas Se fez pecado por nós, e Maria é a mãe do Santo e dos pecadores, de todos nós.

*É incrível a simbiose entre a Mãe e o Filho: em Belém, no Egito, em Jerusalém, nós os encontramos sempre juntos, a Mãe com o Filho. Gosto de uma frase de São Luis Grignion de Montfort: "É mais fácil dividir a luz do sol que separar Maria de Jesus". Quem sabe também Maria tenha vivido uma noite escura na sua fé, sobretudo naqueles trinta anos de vida escondida: haviam lhe dito: "Ele será grande, será o filho de Deus!" e ela via Jesus fazer o que faziam todas as outras crianças e, depois, consertar cadeiras, mesas, janelas... Também para Maria a fé deve ter sido uma luta. Quem sabe quantos pensamentos, quanta obscuridade também dentro do seu coração, pensando: "Este é meu Filho, mas antes é meu Deus".*

Esse é o assombro de Maria. E depois a luta final, porque a cruz não estava apenas no suplício de Jesus, mas também na luta de Maria. Tomemos o *Stabat Mater* Jacopone da Todi. O *Stabat Mater* seduziu tantos compositores, lhes atraiu porque é um mistério: o mistério de Maria ao pé da cruz. Nesse combate também Ela lutou: como havia lutado Jesus, na noite anterior, no horto das oliveiras para acolher a vontade do Pai.

*Maria era inquieta?*

Era inquieta. Não se pode conceber a santidade sem a inquietude.

*Uma inquietude que, na vida de Maria, está estreitamente ligada à figura de José, que apesar disso não é citado na* Ave-Maria. *Existe uma imagem, em uma ladainha que repito sempre em meu interior: "Santa Maria, esposa de José". Teresa d'Ávila dedicou seu primeiro convento a São José. Uma das fábulas mais belas que o senhor, Papa Francisco, conta ao mundo é a de São José dormindo. Quem foi São José na vida de Maria?*

Foi o esposo. E Maria certamente jamais disse a José: "Eu sou a mãe de Deus, você é o empregado de

Deus". Ao invés disso ela disse: "Você é o meu esposo. Eu sou virgem" (José também o é) "mas você é o meu esposo". Era submissa ao seu esposo como era comum na cultura do seu tempo. Ela lhe preparava as refeições, conversava com ele, juntos falavam sobre o Filho, partilharam a angústia quando, aos doze anos, ficou em Jerusalém, angústia de um marido e de sua esposa, angústia de pai e mãe. A normalidade na virgindade. E ela escutava José. As grandes decisões eram tomadas por José, como era normal naquela época. José recebia em sonho as mensagens de Deus; Ela é a cheia de graça, ele é o justo, um homem praticante da Palavra de Deus. Belo casal.

*Há também uma anunciação a José. O anjo lhe aparece em sonho e lhe diz para não ter medo (cf. Mt 1,20-21) porque na história da salvação também ele estava envolvido. E existe aquela imagem, a que se refere dom Tonino Bello, de José que está dormindo, está roncando e Maria escuta.*

Sim, a anunciação a José. E não esqueçamos a delicadeza com que José pensa em repudiar Maria em segredo, a fim de não lhe provocar qualquer mal. Preparou tudo para ir embora, e para que as pessoas inclusive dissessem: "Olhe só que pessoa malvada, abandonou uma garota grávida". Toma sobre si a culpa, porque é "o justo", o homem da justiça. O anjo lhe anuncia a verdade e ele obedece.

*Papa Francisco, me chama atenção um gesto que o senhor sempre faz antes de partir em viagem: vai até a basílica de Santa Maria Maior, onde está a imagem de Maria* Salus populi romani, *"salvação do povo romano", e deposita um buquê de flores. O gesto de um menino que corre até sua mãe. Seus olhos se cruzando com o olhar de Maria chamam minha atenção: o que o papa enxerga dentro dos olhos de Maria?*

É uma longa história essa de Santa Maria Maior. Antes de me tornar papa, vim muitas vezes a Roma para alguns Sínodos ou para reuniões dos dicastérios dos quais era membro. Costumava ir às igrejas que conhecia: São Pedro, Igreja de Jesus, Santo Inácio e Santa Maria Maior. Geralmente, eu ia a Santa Maria Maior.

Não sei por quê, mas Nossa Senhora, a Mãe, sempre me atraiu. Remeto-me um pouco à experiência da Virgem de Guadalupe no México: é bonito, certamente, olhar para a Virgem, porém é ainda mais bonito deixar-se contemplar por ela, deixar-se contemplar e lhe dizer tudo sabendo que ela olha para você. Há um poeta argentino, um santo sacerdote e poeta, Padre Amelio Luis Calori, muito ligado a Nossa Senhora, falecido há muitos anos, que, deixando-se contemplar pela Virgem Maria, se sente pecador e pede ajuda à poesia. Disse que mudará de vida, mas acaba assim: "Esta tarde, Señora, la promesa es sincera. Por las dudas, no olvide dejar la llave afuera" [Esta tarde,

Senhora, a promessa é sincera. Por via das dúvidas, não se esqueça de deixar a chave do lado de fora]. Naquele tempo, em Buenos Aires, uma mãe, quando saía e não havia guarda noturno, deixava a chave no jardim sob uma pedra. "Olha pra mim, sou pecador, mas a senhora sempre me deixa a chave na mão". Essa poesia sempre me fez bem e também eu repito: "Deixe sempre a chave nas minhas mãos".

# O SENHOR SE ENCARNOU EM MARIA

*Mãe de Deus* é o título mais importante de Nossa Senhora. Mas alguém poderia perguntar: por que dizemos Mãe *de Deus*, e não Mãe *de Jesus*? Alguns, no passado, pediram para nos limitarmos a isso, mas a Igreja afirmou: Maria é Mãe de Deus. Devemos ser gratos a Ela, porque, nessas palavras, se encerra uma verdade esplêndida sobre Deus e sobre nós mesmos, ou seja: desde que o Senhor Se encarnou em Maria – desde então e para sempre –, traz a nossa humanidade agarrada a Ele. Já não há Deus sem homem: a carne que Jesus tomou de sua Mãe, continua ainda agora a ser Dele e para sempre será. Dizer *Mãe de Deus* lembra-nos isto: Deus está perto da humanidade como uma criança da mãe que a traz no ventre.

A palavra *mãe* (mater) remete também para a palavra *matéria*. Em sua Mãe, o Deus do céu, o Deus infinito fez-Se pequenino, fez-Se matéria, não só para estar *conosco*, mas também para ser *como nós*. Eis o milagre, eis a novidade: o homem já não está sozinho; nunca mais será órfão, é para sempre filho. O ano tem início com esta novidade. E nós a proclamamos dizendo assim: "Mãe de Deus!" É a alegria de saber que a nossa solidão está vencida. É a maravilha de nos sabermos filhos amados, de sabermos que essa nossa infância nunca mais nos poderá ser tirada. É nos espelharmos em Deus frágil e menino nos braços da Mãe e vermos que a humanidade é querida e sagrada para o Senhor. Por isso, servir a vida humana é servir a Deus, e toda a vida – desde a vida no ventre da mãe, até à vida envelhecida, atribulada e doente, à vida incômoda e até repugnante – deve ser acolhida, amada e ajudada.

No Evangelho do Natal, da Mãe de Deus, se diz apenas uma frase: "guardava todas essas coisas, meditando-as no seu coração" (Lc 2,19). *Guardava.* Simplesmente... guardava; Maria não fala: Dela, o Evangelho não cita uma palavra sequer, em toda a narração do Natal. Também nisto a Mãe Se associa ao Filho: Jesus é infante[3], ou seja, "sem palavra". Ele, o

---

3. Do latim *in-fari* – o que ainda não fala. (N.T.).

Verbo, a Palavra de Deus que "muitas vezes e de muitos modos falara nos tempos antigos" (Hb 1,1), agora, na "plenitude dos tempos" (Gl 4,4), está mudo. O Deus, na presença de quem se guarda silêncio, é um menino que não fala. A Sua Majestade é sem palavras, o seu mistério de amor desvenda-se na pequenez. Esta pequenez silenciosa é a linguagem da sua realeza. A Mãe associa-se ao Filho e *guarda tudo isso em silêncio*.

Maria guardava – continua o Evangelho – todas estas coisas, meditando-as. Quais eram *estas coisas*? Eram alegrias e aflições: por um lado, o nascimento de Jesus, o amor de José, a visita dos pastores, aquela noite de luz; mas, por outro, um futuro incerto, a falta de uma casa, "porque não havia lugar para eles na hospedaria" (Lc 2,7), o desconsolo de ver a porta se fechar para eles; a desilusão por fazer Jesus nascer num curral. Esperanças e angústias, luzes e trevas: *todas estas coisas* povoam o coração de Maria. E que fez Ela? *Meditou-as*, isto é, repassou-as com Deus no coração. Nada conservou para Si, nada encerrou na solidão nem submergiu na amargura; tudo levou a Deus. Foi assim que Ela guardou. Entregando, nós nos guardamos: não deixando a vida à mercê do medo, do desânimo ou da superstição, não se fechando nem procurando esquecer, mas dialogando tudo com Deus. E Deus, que Se preocupa conosco, vem habitar nas nossa vida.

Eis aqui os segredos da Mãe de Deus: guardar no silêncio e levar a Deus. Isso realizava-se – conclui o

Evangelho – *no seu coração*. O coração convida a pôr os olhos no centro da pessoa, dos afetos, da vida. Também nós, cristãos em caminho, no princípio do ano, sentimos a necessidade de recomeçar do centro, deixar para trás os pesos do passado e partir do que é importante. Hoje temos diante de nós o ponto de partida: a *Mãe de Deus*. Pois Maria é como Deus nos quer, como quer a sua Igreja: Mãe terna, humilde, pobre de coisas e rica de amor, livre do pecado, unida a Jesus, que guarda Deus no coração e o próximo na vida. Para recomeçar, ponhamos os olhos na Mãe. No seu coração, bate o coração da Igreja. Para avançar [...] é preciso recuar: recomeçar do presépio, da Mãe que tem Deus nos braços.

A devoção a Maria não é uma etiqueta espiritual, mas uma exigência da vida cristã. Olhando para a Mãe, somos encorajados a deixar tantos pesos inúteis e reencontrar aquilo que importa. O dom da Mãe, o dom de cada mãe e cada mulher é tão precioso para a Igreja, que é mãe e mulher. E, enquanto o homem muitas vezes abstrai, afirma e impõe ideias, a mulher, a mãe, sabe guardar, fazer a ligação no coração, vivificar. Porque a fé não se pode reduzir apenas à ideia ou à doutrina; precisamos, todos, de um coração de mãe que saiba guardar a ternura de Deus e ouvir as palpitações do homem. Que a Mãe, autógrafo de Deus sobre a humanidade, guarde este ano e leve a paz de seu Filho aos corações, aos nossos corações, e ao mundo inteiro. E, como filhos Dela, convido-vos a saudá-La hoje, simplesmente, com a saudação que os cristãos de Éfeso pronunciavam diante dos seus Bispos: "Santa Mãe de Deus!". Com todo o coração, digamos três vezes, todos juntos, fixando-a [voltados para a sua imagem posta ao lado do altar]: "Santa Mãe de Deus!".

Ave Maria cheia de graça

o Senhor é conosco,

bendita sois vós entre as mulheres

e bendito é o fruto do vosso ventre, Jesus.

Santa Maria, Mãe de Deus,

rogai por nós pecadores,

agora e na hora da nossa morte.

Amém.

# ROGAI POR NÓS PECADORES

 *E assim chegamos ao versículo "rogai por nós pecadores". Papa Francisco, a história da salvação começa com uma pergunta: "Adão, onde estás?" (cf. Gn 3,9). A história de Maria começa com uma resposta: "Eis-me aqui" (cf. Lc 1,38). É como se a mãe respondesse em nosso lugar, por todas as respostas que não temos dado. Mas permanece um fato: parafraseando Indro Montanelli, existem erros com perfume de roupa recém-lavada e outros que fedem como esgoto. Maria é a mãe dos pecadores, não dos corruptos. São duas coisas completamente diferentes.*

Maria não pode ser a mãe dos corruptos, porque os corruptos vendem a mãe, vendem a pertença a uma família, a um povo. Buscam somente seu próprio interesse, seja econômico, intelectual, político, de qualquer tipo. Fazem uma escolha egoísta, diria até mesmo satânica: fecham a porta com a chave do lado de dentro. E Maria não consegue entrar. Eles se fecham em si mesmos. Por isso, a única oração para os hipócritas é que um terremoto mexa com eles de tal maneira que os convença de que o mundo não começou nem acabará com eles. Por isso, eles se fecham, não sentem necessidade de mãe, de pai, de uma família, de uma pátria, de pertencer a um povo. Cultivam somente o egoísmo, e o pai do egoísmo é o diabo. Maria é Mãe de todos nós pecadores, do mais ao menos santo. É Mãe. Recordo que minha mãe, falando sobre nós, seus cinco filhos, dizia: "Os meus filhos são como os dedos da mão, um diferente do outro; mas, se machuco um dedo sinto a mesma dor que sentiria se tivesse machucado o outro". Maria acompanha a estrada de nós pecadores, cada um com seus pecados. "Rogai por nós pecadores" significa dizer: Sou pecador, mas a Senhora cuida de mim. Maria é Aquela que nos protege.

*O pecado é muito parecido com um nó. No seu pontificado, o senhor com frequência cita uma imagem que vem de Santo Irineu de Lyon e que foi retomada pelo Concílio [Vaticano II]: Maria que desata os nós. Muitas pessoas que encontro me dizem: "Estou fazendo a novena de Maria desatadora dos nós". Isso me recorda um provérbio que minha mãe utiliza de vez em quando como ameaça: "Tutti i nodi vengono al pettine" [Todos os nós acabam passando pelo pente]. E no meu íntimo penso: "É verdade também que todos os nós acabam chegando a Maria". É belíssima essa imagem do nó e do emaranhado das linhas de um novelo de lã que Maria desata, desenrola, organiza. De quanta paciência ela precisa para isso?*

A imagem utilizada por Santo Irineu remonta ao século II. O Concílio Vaticano II a retoma na *Lumen gentium*. Irineu contrapõe duas mulheres: o nó da desobediência e da falta de fé é desatado por Maria exatamente por sua obediência e sua fé. É uma imagem repleta de significado.

*Papa Francisco, para mim é muito significativo o fato de o senhor insistir em se definir como um pecador ao qual Deus continua a olhar com misericórdia. Qualquer pessoa fica admirada ao ouvir um papa dizer coisa semelhante, mas reconhecer-se pecador é o primeiro passo para tornar-se santo...*

É a realidade, filho. É a realidade. Se dissesse de mim mesmo que não sou um pecador, eu seria o pior dos hipócritas.

# DESATAR OS NÓS

A fé de Maria desata o nó do pecado (cf. *Lumen gentium,* 56). O que significa isso? Os padres conciliares [do Vaticano II] retomaram uma expressão de Santo Irineu, que diz: "O nó da desobediência de Eva foi desatado pela obediência de Maria; aquilo que a virgem Eva atara com a sua incredulidade, desatou-o a Virgem Maria com a sua fé" (*Adversus Haereses* III, 22, 4).

Isso mesmo: o "nó" da desobediência, o "nó" da incredulidade. Poderíamos dizer, quando uma criança desobedece à mãe ou ao pai, que se forma um pequeno "nó". Isso acontece se a criança age sabendo o que faz, especialmente se existe aí no meio uma mentira; naquele momento, ela não se apoia na mãe e no pai. Sabem que isso acontece tantas vezes! Então a relação com os pais precisa ser limpa dessa falta e, de fato, pede-se desculpa para que haja de novo harmonia e confiança.

Algo parecido acontece no nosso relacionamento com Deus. Quando não O escutamos, não seguimos a Sua vontade e realizamos ações concretas em que demonstramos falta de confiança Nele – isso é o pecado –, forma-se uma espécie de nó dentro de nós. E nós como esse nos tiram a paz e a serenidade. São perigosos, porque de vários nós pode resultar um emaranhado, que vai se tornando cada vez mais penoso e difícil de desatar.

Mas, para a misericórdia de Deus – sabemos bem –, nada é impossível! Mesmo os nós mais complicados desatam-se com a sua graça. E Maria, que, com o seu "sim", abriu a porta a Deus para desatar o nó da desobediência antiga, é a Mãe que, com paciência e ternura, nos leva a Deus, para que Ele desate os nós da nossa alma com a sua misericórdia de Pai. Cada um possui alguns desses nós, e podemos interrogar-nos dentro do nosso coração: Quais são os nós que existem na minha vida? "Mas, padre, os meus nós não podem ser desatados!" Não, isso não é verdade! Todos os nós do coração, todos os nós da consciência podem ser desatados. Para mudar, para desatar os nós, peço a Maria que me ajude a ter confiança na misericórdia de Deus? Ela, mulher de fé, certamente nos dirá: "Siga em frente, vá até ao Senhor. Ele entenderá você". E Ela nos leva pela mão, Mãe, Mãe, até ao abraço do Pai, do Pai da misericórdia.

Ave Maria cheia de graça

o Senhor é convosco,

bendita sois vós entre as mulheres

e bendito é o fruto do vosso ventre, Jesus.

Santa Maria, Mãe de Deus,

rogai por nós pecadores,

agora e na hora da nossa morte.

Amém.

# AGORA E NA HORA DA NOSSA MORTE

A Ave-Maria *termina com o tema da morte, à primeira vista parece arruinar essa belíssima oração: "agora e na hora da nossa morte". Ouvir falar de morte sempre provoca em nós um pouco de angústia. Papa Francisco, o senhor disse certa vez que a morte nos recorda que não somos eternos: somos homens e mulheres a caminho no tempo, um tempo que inicia e um tempo que termina. Mas, quando a morte se aproxima, ainda que alguns a chamem de irmã, a maioria de nós experimenta uma sensação de angústia.*

O diabo dá a entender a Eva que, se provar daquele fruto, será como uma deusa, não verá a morte. O pecado é a ilusão de não morrer jamais. Durante uma vida de pecado, a pessoa diz que sabe que morrerá, mas procura não pensar nisso. É uma ilusão. E assim como a *Ave-Maria*, começa com a verdade da salvação, e termina com a grande verdade sobre a condição humana, fruto do pecado que entrou no mundo pela inveja do diabo (cf. Sb 2,24). E essa é a realidade. Sei que não é fácil, mas pensar na morte como final do caminho é uma realidade, da mesma maneira que pensar em Maria como cheia de graça é outra realidade. Isso me lembra uma anedota. Um bispo argentino, meu amigo, mais novo do que eu, morreu ainda jovem. Chamaram-me na manhã de um dia 2 de fevereiro para dizerem que ele havia entrado em estado de agonia. Fui até a clínica e fiquei ali, e ele não morria. Os médicos não conseguiam explicar o motivo. Em determinado momento, chegou um sacerdote que tinha por ele a estima de um filho para com seu pai, e de fato era filho espiritual daquele bispo. Ele nos disse: "saiam por favor". Saí por último e vi que ele começava a falar com o bispo em agonia. Depois de pouco tempo ele saiu, nós voltamos e cinco minutos depois o bispo estava morto. Alguns dias depois, encontrei aquele sacerdote, que hoje também é bispo, e lhe perguntei: "O que você lhe disse?". "Eu lhe disse apenas: 'Permita-se partir, tenha confiança: não faz sentido ficar apegado a esta vida, permita-se partir, permita-se partir, permita-se partir'. Eu o encorajei e ele se foi." É bonito: ele o ajudou a assumir exatamente a realidade da morte.

*Quando éramos seminaristas, nos contavam que, no passado, nos seminários, faziam até mesmo o exercício da boa morte, ou seja, as pessoas se preparavam...*

Eu mesmo fiz esses exercícios.

*Verdade? Em que consistiam?*

Começávamos pedindo piedade ao Senhor, mas em seguida havia uma descrição do momento da morte. Quando começa o suor: "Jesus misericordioso, tende piedade de nós". Quando falta a respiração: "Jesus misericordioso, tende piedade de nós". Era tudo um pouco tétrico. Mas naquele tempo era costume fazer assim, era tudo muito realista.

*Qual era o significado, Papa Francisco?*

Acostumar-se com o fato de que devemos morrer. Existia também um exercício espiritual: pensar na própria morte. Fazer aquele exercício ao longo do dia nos ajudava a encarar a morte como algo normal. Naquele tempo nos contavam sobre São Domingos Sávio, ao qual, enquanto jogava com seus companheiros, perguntaram: "Se neste momento o Senhor dissesse que você está para morrer, o que você faria?" "Ora, continuaria jogando", respondeu. Para um santo, a morte é tão natural que não muda absolutamente nada da normalidade da vida.

*Essa anedota tem também aquela pitada de humor típico dos santos. Em Jerusalém existe uma igreja que me fascina muito, a da Dormição de Maria. Deus não havia sonhado a morte. Como o senhor recordou há pouco tempo, a morte entrou no mundo por inveja do demônio. De fato, segundo a teologia, Maria não morreu. Ela dormiu, pois foi elevada ao céu. Não viveu a angústia da morte. Quando reflito sobre esse milagre, penso em como seria a minha morte se Satanás não me tivesse feito cair em suas armadilhas. Papa Francisco, o que o senhor pediria a Maria para a sua morte, uma morte, espero, daqui a muito tempo?*

Que Ela me acompanhe e me dê paz.

*Consegue chamar a morte de irmã, como Francisco de Assis?*

É uma expressão que a mim não diz muito. É claro, faz parte da minha cultura, Francisco é genial, mas eu, pessoalmente, não chamaria a morte de "irmã". Gosto de pensar na morte como o ato da justiça final. Assim, a morte é, por um lado, o salário do pecado, mas, por outro, abre a porta para a redenção. Conviver com a morte não faz parte da minha cultura, mas cada um de nós tem a sua.

*Uma das formas de morte é, infelizmente, o suicídio. Sempre me pergunto, quando leio nos jornais histórias de rapazes e moças que não conseguiram administrar o peso da vergonha, de uma imagem veiculada pela internet, de uma foto espalhada por meio de um* chat, *e decidiram antecipar a sua partida deste mundo. São mortes difíceis de digerir.*

São difíceis. O suicídio é um pouco como fechar a porta da própria salvação. Mas estou consciente de que nos suicídios não há liberdade plena. Assim ao menos acredito. Ajuda-me o que disse São João Maria Vianney àquela viúva cujo marido havia cometido suicídio jogando-se de uma ponte: "Senhora, entre a ponte e o rio está a misericórdia de Deus". Creio que no suicídio a liberdade não é plena. No entanto, trata--se somente de uma opinião pessoal, não dogmática.

*No presídio me contaram que há pessoas furiosas porque não conseguem se suicidar. Depois de encontrarem coragem para se matar, parece que a vida no momento final encontra forças para reagir com um último golpe e não aceita simplesmente morrer. Isso provoca um vazio em suas almas. O que o senhor sente, Papa Francisco, diante da sensação de solidão e abandono das gerações mais jovens?*

Também nós somos culpados desse abandono e dessa solidão, porque, com nossa cultura, com nossas propostas, deixamos esses jovens sem raízes. Oferecemos uma cultura sem concretude, uma cultura "líquida", usando a expressão de um filósofo [Zygmunt Bauman]; eu diria até mesmo "gasosa". Sem raízes. Penso que nossa civilização seja culpada. Os jovens de hoje têm necessidade de radicar-se. Maria jamais perdeu as próprias raízes. É a filha de Israel, a filha de Jerusalém. Sempre foi fiel às raízes, mas foi para além, muito além. Sem dúvida, na vida não se pode ir além sem se apegar às raízes. Dar raízes à flor, para formar a árvore e depois o fruto.

*Mas o senhor promoveu um Sínodo dos Jovens, no qual foram contadas histórias de jovens que tiveram a coragem de enfrentar até mesmo a morte por um ideal ainda maior. Isso nos enche de esperança.*

Sim, e também nos faz pensar no fato que Maria tinha dezesseis, dezessete anos, não mais, no momento da Anunciação. É a primeira convidada para o Sínodo.

# MÃE DA ESPERANÇA

Maria não é uma mulher que se deprime diante das incertezas da vida, especialmente quando nada parece correr bem. Nem sequer é uma mulher que protesta com violência, que se enfurece contra o destino da vida que muitas vezes nos revela um semblante hostil. Ao contrário, é uma mulher que ouve: não se esqueçam de que existe sempre uma grande relação entre a esperança e a escuta, e Maria é uma mulher que ouve. Maria acolhe a existência assim como ela se apresenta a nós, com os seus dias felizes, mas também com as suas tragédias que nunca gostaríamos de ter encontrado. Até à noite suprema de Maria, quando o seu Filho foi pregado na Cruz.

Até àquele dia, Maria tinha quase desaparecido da trama dos Evangelhos: os escritores sagrados mostram esse lento escondimento da sua presença, o fato de Ela permanecer muda diante do mistério de um Filho que obedece ao Pai. Contudo, Maria reapareceu precisamente no momento crucial: quando grande parte dos amigos fugiu por medo. As mães não traem, e, naquele instante, aos pés da Cruz, nenhum de nós poderia dizer qual era a paixão mais cruel: se a de um homem inocente que morria no patíbulo da cruz, ou a agonia de uma mãe que acompanhava os últimos instantes da vida do seu filho.

Os Evangelhos são lacônicos e extremamente discretos. Mencionam com um simples verbo a presença da Mãe: "estava" (Jo 19,25). Ela estava. Nada dizem sobre a sua reação: se chorou ou não... nada; nem uma pincelada para descrever a sua dor: sobre esses pormenores, mais tarde teria irrompido a imaginação de poetas e pintores que nos deixaram imagens que entraram na história da arte e da literatura. Contudo, os Evangelhos dizem apenas: ela "estava". Estava ali, no momento mais triste, mais cruel, e sofria com o filho. "Estava".

Maria "estava", simplesmente estava lá. Ei-La novamente, a jovem de Nazaré, agora com cabelos brancos pelo passar dos anos, ainda ocupada com um Deus que só deve ser abraçado, e com uma vida que chegou ao limiar da escuridão mais densa.

Maria "estava" na escuridão mais espessa, mas "estava". Não foi embora. Maria está fielmente presente, cada vez que surge a necessidade de manter uma vela acesa num lugar de névoa e neblina. Nem ela conhecia o destino de ressurreição que o seu Filho estava a abrir naquele instante para todos nós, homens: permanece ali por fidelidade ao plano de Deus, do qual se proclamou serva no primeiro dia da sua vocação, mas também por causa do seu instinto de mãe que simplesmente sofre, cada vez que um filho atravessa uma paixão. Os sofrimentos das mães: todos nós conhecemos mulheres fortes que enfrentaram muitos sofrimentos dos filhos!

Nós a encontraremos no primeiro dia da Igreja, Ela, Mãe da esperança, no meio daquela comunidade de discípulos tão frágeis: um negou, muitos fugiram, todos sentiram medo (cf. At 1,14). Ela simplesmente estava ali, do modo mais normal, como se fosse algo totalmente natural: na primeira Igreja envolvida pela luz da Ressurreição, mas também pelos tremores dos primeiros passos que devia dar no mundo.

Por isso, todos nós A amamos como Mãe. Não somos órfãos: temos uma Mãe no céu, que é a Santa Mãe de Deus. Porque nos ensina a virtude da esperança, até quando tudo parece sem sentido: Ela permanece sempre confiante no mistério de Deus, até quando Ele parece desaparecer por culpa do mal do mundo. Que nos momentos de dificuldade, Maria, a Mãe que Jesus ofereceu a todos nós, possa sempre amparar os nossos passos e dizer ao nosso coração: "Levanta-te! Olha em frente, olha para o horizonte", porque Ela é Mãe da esperança.

# MAGNIFICAT

    *Uma das coisas mais bonitas, Santidade, é que, logo após ser visitada pelo anjo, Maria, sem perder tempo, se põe a caminho. Falando da fé, um confrade seu jesuíta, São Alberto Hurtado, utilizou uma linguagem que me parece fascinante: "é um fogo que acende outros fogos". É muito bonito que o discurso mais longo que Maria faz seja o* Magnificat. *E também aqui, pela enésima vez, Maria canta a sua pequenez: "Minha alma engrandece o Senhor". Como que dizendo: o mérito é Seu, não meu. Impressiona-me esse entrar e sair da Palavra de Deus, este maravilhar-se por se perceber pequeno. Vem à minha mente aquele verbo que se tornou famoso graças ao seus escritos: "primeirear". É Deus quem se antecipa e Maria diz: "Foi Ele quem fez, foi Ele quem fez". A humildade de Maria...*

Maria se inspira no canto de Ana, a mãe de Samuel (cf. 1Sm 2,1-10). Conhecia as Escrituras, a Senhora, e assim surgiu aquela maravilha, para a qual contribuíram, além do conhecimento das Escrituras, a capacidade de se maravilhar, a alegria, o louvor. Maria louva a Deus, enquanto nós cristãos tantas vezes esquecemos a oração de louvor e a adoração. Maria adorava a Deus e louvava a Deus. Eis o que é o *Magnificat*. Ele vem do desejo de louvar, de rezar louvando a Deus, como os filhos que amam tanto o pai e a mãe que não se cansam de falar sobre eles, dão elogios. Os enamorados que se amam não cansam de dizer coisas bonitas do parceiro para os outros, o elogiam e louvam continuamente. Louvar a Deus é sair de si mesmo, uma coisa difícil para o nosso egoísmo.

*Uma das formas de louvor de Maria, provavelmente também a mais bela de suas qualidades, é a de deixar-se encontrar. Penso que uma das coisas que provocam maior impacto na devoção popular seja o fenômeno das aparições. E é belo pontuar uma coisa, Papa Francisco. As aparições não acrescentam nada àquilo que Deus queria nos dizer e nos dar, mas eu as imagino um pouco como as recapitulações de aprendizagem: quando alguém não aprende bem um conceito, mais tarde precisa voltar para a escola e aprofundar aquele tema. Também porque o sonho de Maria é que todos se enamorem de seu Filho, não tanto dela. As aparições de Maria são uma página delicada da fé popular.*

Maria quer levar Jesus para todos os lugares. Ela não disse em Caná: "Estejam tranquilos, deixem tudo nas minhas mãos, resolverei". Não, Ela falou discretamente com seu Filho e depois disse: "Façam tudo o que Ele vos disser" (cf. Jo 2,1). O dedo de Nossa Senhora sempre está apontado para Jesus; Maria jamais disse: "Pode deixar que eu resolvo isso, tenho a solução". Indica sempre Jesus. E as aparições podem ser experiências espirituais da pessoa que depois as transmite ou também uma manifestação especial da Virgem Maria naquela circunstância histórica, em um momento em que a humanidade tem necessidade de ouvir o Evangelho, de ver aquele dedo de Maria que aponta para Jesus, de ouvir mais uma vez: "Façam tudo o que Ele vos disser". Sim, existem exageros a propósito das aparições, e a Igreja é sempre muito prudente. A Igreja jamais fundamenta a sua fé em aparições. Não, a fé é radicada no Evangelho, na revelação, na Tradição da revelação. É um repetir da Mãe aos filhos: "Pensem em Jesus, façam aquilo que Ele vos disser".

*Papa Francisco, existe algum santuário de uma aparição de Maria ao qual o senhor é particularmente ligado?*

Não, particularmente ligado, não. Tenho devoção por Lourdes, devoção por Fátima, no sentido de que respeito o modo como Nossa Senhora apareceu. Na minha cidade de origem, em Luján, Nossa Senhora não apareceu, mas quis permanecer ali por meio de sinais milagrosos, com a imagem. E em Aparecida, no Brasil, quis deixar-se encontrar por alguns pescadores para ser a mãe do Brasil, para mostrar-se como mãe. Guadalupe, como latino-americano também me diz muito, porque em Guadalupe não está só a experiência das pessoas que vão rezar à Virgem, mas também a dos que se aproximam para se deixarem contemplar pelo olhar de Maria. A Virgem que olha e diz: "Não tenha medo. Eu sou a sua mãe". Essa experiência me fala muito. O problema das aparições é quando surgem alguns videntes ou pessoas que transmitem mensagens que dizem: "Maria é assim". Maria indica a Jesus, mas aqueles que ficam apenas contemplando o dedo de Maria, e não a Jesus, não estão agindo segundo o coração de Maria. Significa então que alguma coisa nessa aparição não está de acordo.

*Existe outro elemento particular da figura de Maria: é querida também por irmãos que não compartilham a fé no Filho. O povo muçulmano, por exemplo, é muito devoto de Maria. No Alcorão, o nome de Maria aparece 34 vezes e quero pensar que se, algum dia, o mundo voltar à unidade, será em nome de Maria. Existe aquele belíssimo costume, no primeiro dia do ano, de confiar o*

*Ano-novo a Maria. Existem pessoas que não creem no seu Filho, mas creem na Mãe. É curioso...*

O bispo de um país africano, no qual convivem em paz cristãos e muçulmanos, me contava que durante o ano do Jubileu da Misericórdia havia fila o dia inteiro para entrar na catedral. Quando as pessoas entravam, alguns se aproximavam do confessionário, outros se colocavam em oração, mas a maioria parava diante do altar da Virgem Maria: eram os muçulmanos. E o bispo lhes perguntava muitas vezes: "Mas por que vocês vêm aqui?". E eles: "O Jubileu é também para nós". Iam até ao lugar dedicado à Virgem porque Maria está muito próxima do povo muçulmano.

*Provavelmente em parte é por essa característica de a Virgem ser a "mediadora". Se uma criança perguntasse: "Papa Francisco, o que significa que Maria é mediadora? Qual imagem o senhor utilizaria para lhe explicar?*

Diria que aquela aproxima duas partes que estão distantes e depois se retira, que reúne e depois desaparece. Maria nunca se coloca como a protagonista, jamais. E quando nos santuários ou nas aparições se vê uma pastoral em que Maria é a protagonista que não indica seu Filho, então, há algo errado. Maria jamais se colocou como protagonista.

*De fato, esse é também o sentido da segunda parte do* Magnificat, *em que Maria insiste em dizer que o protagonista é Ele: Ele derruba, exalta, auxilia... E me agrada essa humildade de Maria. Ela não dá soluções, oferece perspectivas e quase parece que na segunda parte do* Magnificat *ela tenha resumido todas as profecias do Antigo Testamento, de Amós, de Ageu, de Isaías, de Ezequiel, que diziam: "Um dia chegará, um dia chegará...". E Maria diz: "Eis aqui: esse dia chegou!". Há uma profecia concreta do Antigo Testamento que o senhor encontra no canto do* Magnificat?

Como eu lhe dizia, existe uma relação direta com o Cântico de Ana, do primeiro livro de Samuel, que tem a mesma estrutura que o *Magnificat*. Mas todas as profecias estão ali, e também os livros históricos: canta-se a Deus, que derrubou, venceu, defendeu Seu povo; depois os profetas Isaías e Amós por exemplo, quando falam dos ricos e poderosos – Maria diz "humilhou os poderosos" –, cantam as proezas do Antigo Testamento que o Senhor realizou, as grandes obras do Senhor.

*Ainda que não tenhamos nenhuma fotografia que nos mostre como Maria era realmente, de vez em quando fantasio que a fotografia mais bonita de Maria foi tirada por seu Filho no Monte das Bem-aventuranças, quando disse: "Bem-aventurados os pobres em Espírito" (Mt 5,3), ou seja, felizes os humildes. Gosto de pensar que Ele tinha em mente a imagem de sua Mãe que havia visto em casa.*

*Essa atitude consoladora de Maria nos recorda que, quando Deus entra na história, Ele o faz para que as coisas não permaneçam como são. Então com humildade lhe pergunto, Papa Francisco: onde o senhor vê, como papa, que está germinando este novo Reino que está nascendo hoje? Quais são os sinais de esperança?*

Ocorre-me uma palavra que eu não gostaria que fosse mal interpretada: paciência. Quando Deus entrou no mundo por meio de Maria, Ele o fez com paciência. E quando vejo o povo cristão paciente – os enfermos que aceitam a enfermidade, as mães de família, os idosos solitários que suportam essa condição, os detentos e tantos que suportam a dor com paciência –, penso que quem padece com paciência se une à paixão de Deus em Cristo. É isso. Quando penso em sinais de esperança, a palavra que vem à minha mente é "paciência".

*Nesse sentido, a propósito da paciência, me impressiona outra imagem, talvez eu mesmo a tenha inventado: Maria fazendo a Via Sacra. Mas uma Via Sacra ao contrário, a partir da décima quarta estação até a primeira, vendo todas as coisas que diziam sobre seu Filho, que não estava mais ali. A palavra "paciência" é muito próxima, etimologicamente, de "paixão". E paixão significa beleza, mas também sofrimento.*

Sim, um apaixonado sente prazer e sofrimento. A paciência é a capacidade de levar as coisas da vida sobre as próprias costas, mas com esperança, levá-las olhando sempre em frente. Somente um apaixonado é capaz de ter paciência. Quem não tem a experiência da paixão cristã, de ser apaixonado, o máximo a que pode chegar é à tolerância.

*Tenho uma última pergunta queimando em meu coração. Maria viveu a primeira anunciação em Nazaré; depois a segunda, que foi ao pé da Cruz, quando o Filho disse à Mãe: "Mulher, eis teu filho". Chama minha atenção esse vínculo que existe entre Maria e Igreja, e fiquei surpreso com a sua decisão, Papa Francisco, no decreto* Ecclesia Mater, *instituindo a festa da Bem-aventurada Virgem Maria, Mãe da Igreja. Que tipo de relação existe entre estas duas mulheres, Maria e a Igreja, dentro do Coração de Cristo?*

Todo ano, na segunda-feira depois de Pentecostes (em 2018, foi no dia 21 de maio), celebra-se a festa de Maria Mãe da Igreja. A Igreja é mulher, a Igreja não é do gênero masculino, não é "o" Igreja. Nós, os clérigos, somos masculinos, mas nós não somos a Igreja. A Igreja é mulher porque é esposa. Maria é mulher, é esposa de José, acolhe totalmente o Espírito Santo e, portanto, Mãe de Cristo e da Igreja. Esta última, a Igreja, é a esposa de Cristo, templo do Espírito que gera virginalmente filhos ao Pai por meio da água do batismo e com o bálsamo do perdão. Há uma percepção que a maternidade da Igreja vem da maternidade de Maria, que a ternura da Igreja vem da ternura de Maria. Já contei muitas vezes a anedota daquele companheiro de trabalho de meu pai, ateu. Depois da guerra civil espanhola chegaram à Argentina muitos republicanos, todos anticlericais. Um dele, com três filhos, ficou gravemente enfermo, a mulher também tinha que trabalhar. Em Buenos Aires havia naquela época (e há ainda hoje) uma congregação fundada na França pelo Padre Étienne Pernet, as *Petites Sœurs [de l'Assomption]*, que se encarregavam de ir atender os enfermos na casa deles. Uma religiosa francesa (chamada Madalena) que havia ido cuidar de um paciente nos primeiros dias teve que escutar dele de tudo. O enfermo tinha chagas purulentas, e a irmã, que como todas as freiras era enfermeira, se preocupava em curá-lo e não respondia. Depois, aquele homem se transformou. A religiosa ia, passava para pegar os filhos na escola, preparava o jantar, voltava para o convento, e, quando a esposa chegava do trabalho, tudo estava pronto. Depois de um mês, o homem curado, agradecia a todos, e tornara-se muito próximo da religiosa. Um dia na saída do trabalho, um de seus companheiros ateus começou a dizer coisas inconvenientes e a blasfemar ao ver as religiosas que passavam. Ele lhe deu um soco e lhe disse: "Olha, sobre os padres e sobre Deus você pode dizer o que quiser, mas deixe em paz as freiras e a Virgem Maria". Em resumo, havia experimentado a maternidade da Igreja graças à religiosa. Então as mulheres não são duas, são três: Maria, a Igreja e a mulher consagrada. Por isso, a maior glória de uma religiosa é ser a *imagem*, o ícone de Maria e da Igreja. A Igreja é feminina.

*Papa Francisco, queria deixar-lhe esta imagem de um quadro que está na igreja de Santo Agostinho, em Campo Marzio, Roma. É uma das minhas paradas obrigatórias. Ali dentro contemplo a Virgem dos Peregrinos pintada por Caravaggio e fico comovido com aqueles pés inchados, as roupas gastas, as mãos unidas, esse estar de joelhos... Ali me vejo a mim mesmo e me vem à mente a oração que recito todas as tardes há vinte anos: "À vossa proteção recorremos, Santa Mãe de Deus. Não desprezeis as nossas súplicas durante nossas necessidades, mas livrai-nos sempre de todos os perigos, ó virgem gloriosa e bendita". Olho para Maria no limiar do altar, Ela tem o Filho em seus braços. Os estudiosos dizem que a modelo que inspirou a imagem de Nossa Senhora teria sido uma prostituta. Se isso fosse verdade, me agradaria ainda mais, porque significaria, mais uma vez, que o impossível dos homens é o possível de Deus. Além disso esse menino é um Jesus grande.*

Ele tem mais de um ano.

*Por que também o senhor se encanta com essa imagem de Maria?*

Pelo realismo, pela concretude. Ela é uma mãe com um filho que cresce entre seus braços, que já está um pouco pesado, mas o contempla sempre com ternura. Olha para todos os peregrinos que passam, e que depois não a verão mais. Olha para nós quando passamos por ali. Quando vinha a Roma, sendo bispo, ficava hospedado a cinquenta metros da *via della Scrofa*, na casa do clero. E cada manhã, antes de ir ao Vaticano, entrava na Igreja de Santo Agostinho para saudar duas mulheres: a Virgem dos Peregrinos e outra mulher que admiro muito, Santa Mônica. Mônica era uma mulher de Igreja, uma mãe que soube ser mãe como Maria e levar sua própria cruz. Fico impressionado ao ver essa imagem agora. E esses peregrinos somos nós, com a nossa vida: nós A saudamos, pedimos a Ela que não se esqueça de nós, com as mãos juntas, suplicantes. É a Virgem dos Peregrinos. E também Santa Mônica, permito-me dizer porque A estimo muito, tinha o seu *Magnificat*. Quando disse ao filho Agostinho que já poderia morrer feliz porque tinha realizado seu desejo de vê-lo cristão, pronunciou aquela frase: *"Cumulatius hoc mihi Deus praestitit"*, que significa "isso Deus me deu em abundância". É o *Magnificat* de Mônica: Naquela igreja, estão essas duas mulheres, mulheres que cantaram seu *Magnificat*, cada uma delas segundo sua própria realidade.

*Papa Francisco, como agradecimento, rezo a* Ave--Maria *por tudo aquilo que o senhor leva em seu coração, e o senhor, se puder, reze por aquilo que trago em meu coração. É o nosso agradecimento a Maria.*

Ave Maria, cheia de graça,
o Senhor é convosco.
Bendita sois vós entre as mulheres
e bendito é o fruto do vosso ventre, Jesus.
Santa Maria, Mãe de Deus,
rogai por nós pecadores,
agora e na hora da nossa morte.
Amém.

# A ALEGRIA DA FÉ

O Concílio [Vaticano II] afirma que Maria "avançou pelo caminho da fé" (cf. *Lumen gentium*, 58). Por isso, Ela nos precede nesse caminho, nos acompanha, nos sustenta.

Em que sentido a fé de Maria foi um caminho? No sentido de que toda a sua vida foi seguir o seu Filho: Ele – Jesus – é a estrada, Ele é o caminho! Progredir na fé, avançar nesta peregrinação espiritual que é a fé, não é senão seguir a Jesus; ouvi-Lo e deixar-se guiar pelas Suas palavras; ver como Ele se comporta e pôr os pés nas suas pegadas, ter os sentimentos e as atitudes Dele. E quais são os sentimentos e as atitudes de Jesus? Humildade, misericórdia, solidariedade, mas também firme repulsa da hipocrisia, do fingimento, da idolatria. O caminho de Jesus é o do amor fiel até ao fim, até ao sacrifício da vida: é o caminho da Cruz. Por isso, o caminho da fé passa através da Cruz, e Maria compreendeu-o desde o princípio, quando Herodes queria matar Jesus recém-nascido. Mas, depois, essa Cruz tornou-se mais profunda, quando Jesus foi rejeitado: Maria estava sempre com Jesus, seguia Jesus no meio do povo, escutava as fofocas, o ódio daqueles que não queriam bem ao Senhor. E, essa Cruz, Ela a levou! Então a fé de Maria enfrentou a incompreensão e o desprezo. Quando chegou a "hora" de Jesus, ou seja, a hora da paixão, então a fé de Maria foi a pequena chama na noite: aquela chamazinha no meio da noite. Na noite de Sábado Santo, Maria esteve de vigia. A sua chamazinha, pequena mas clara, esteve acesa até ao alvorecer da Ressurreição; e quando chegou a notícia de que o sepulcro estava vazio, no seu coração alastrou-se a alegria da fé, a fé cristã na morte e na ressurreição de Jesus Cristo. Porque a fé sempre nos traz alegria, e Ela é a Mãe da alegria: que Ela nos ensine a caminhar por esta estrada da alegria e viver esta alegria! Este é o ponto culminante – esta alegria, este encontro entre Jesus e Maria – imaginemos como foi... Este encontro é o ponto culminante do caminho da fé de Maria e de toda a Igreja. Como está a nossa fé? Assim como Maria, nós a mantemos acesa mesmo nos momentos difíceis, de escuridão? Eu senti a alegria da fé? Esta noite, Mãe, nós vos agradecemos pela vossa fé, de mulher forte e humilde; renovamos a nossa entrega a vós, Mãe da nossa fé. Amém.

II

# UMA MÃE ENTRE OS LOBOS
*por Marco Pozza*

Um canto ecoa no cimento cinza. Entre o vermelho das grades das janelas e o rubor dos rostos: *Veni Creator Spiritus*. Um pequeno vaso de metal sobre o altar: no interior está o óleo do Crisma, o óleo da confirmação. É o prelúdio de um grande momento. Padre Miguel, vestido de vermelho, mergulha seu dedo polegar nesse recipiente de metal. Ele, um jovem do crime, está bem ali diante do sacerdote: de pé, cabelos espetados pelo gel, a mão do catequista apoiada no seu ombro. Um raio de luz atinge seu rosto: "Receba o selo do Espírito Santo que lhe é dado como dom". Antes de viver esse momento não se sabe como irá reagir. "Amém", murmura. A palavra pronunciada sai voando e não pode retornar. Amém: não se dá um soco sem calcular, ao menos uma vez na vida, que também receberá outro de volta. "A paz esteja com você". A arma de um cavalheiro é a gentileza. Deus é cavalheiro, o malvado se dá conta. Rouba as palavras para poder responder: "E com seu espírito". Ditas ao vento são centelhas de amor.

O sacerdote o abraça forte: o olhar deles é familiar. Logo atrás, protegida pelos olhares dos detentos que se reúnem na capela do presídio, está a mãe. Ela observa tudo, olha para todos, com seus olhos inquietos. Durante anos, foi uma mãe que estava de luto, com uma lanterna nas mãos: para entrar nas penumbras da prisão e recuperar seu filho. Também Deus se move com uma lanterna na mão, para buscar quem o aceite. Alguém que aceite a exuberância do seu amor. Deus, a mãe: Deus é uma mãe. Perfumado pelo Crisma, o rapaz abraça forte sua mãe. Tudo ao seu redor é uma floresta de lobos. Olhos brilhantes.

Tomou emprestado seus olhares para chorar bem. Para chorar tudo.

É para ela a *Ave-Maria* final. Entoada por um coro de sinos completamente desafinados: *"Ave Maria, cheia de graça"*. A desgraça se transformou em graça. Bateu em sua porta para encontrá-la.

Esta é exatamente a sua história: "Meu nome é Jacó, tenho vinte anos e hoje posso dizer com alegria, sem nenhuma dúvida, que renasci". Contar as suas histórias é a principal diversão dos presos: eles as contam na forma de episódios, colocam em destaque os principais detalhes, cortam as bordas e as deixam bem afiadas. Lá fora a guerra é com tanques; atrás das grades é feita com golpes de flores. "Há treze anos os serviços sociais me separaram da família para levar-me para um centro de recuperação de menores. Estive ali por três anos".

As palavras são carrancudas, cautelosas, pegajosas. São o eco e a memória de uma infância arrancada, dilacerada: "Era ainda uma criança. Naquele tempos, eu deveria estar brincando e estudando, mas ao invés disso me encontrei em meio às drogas, ao álcool, ao sexo e à violência". O olhar brilhante retém o peso daqueles que carregam nas costas histórias que, se não contarem, permanecerão apenas dentro deles para sempre. "Cresci rápido. Aos dezesseis anos na minha instrução tinha como única bagagem coisas negativas: era um especialista no tema das drogas e do tráfico, mas nunca havia lido um livro; fazia sexo mas ignorava o amor; estava cercado de tantas pessoas mas estava concentrado apenas em mim mesmo." Era como um cliente habitual do bar do inferno.

A violência é cega, é muda, é surda: é a vitória da idiotice. Somente a ideia de fazer algo proibido já se torna extremamente excitante. Enquanto narra a sua história, sua alma cai aos seus pés. O barulho é como o de uma garrafa de vidro quebrando: "Na minha vida, fiz tudo o que um homem pode fazer de pior: roubei, participei de assaltos, vendi drogas, fui alcoólatra e dependente químico". O que se percebe em seu olhar é a materialização da raiva: uma mistura de melancolia, nostalgia e dor. O importante era aterrorizar: o inimigo assustado já é meio derrotado. "Assassinei cruelmente um rapaz e, sem nenhuma piedade, o joguei em uma vala. Queria que sofresse até o final e não apenas morresse." Sem educação, o coração se atrofia.

A mãe, sentada na primeira fila, mal pode suportar o impacto dessa história que ela mesma colocou no mundo. Para ela o filho sempre permaneceu um menino. Seus olhos cansados são vastos como a Via Láctea: *"O Senhor esteja convosco"*. Sem dúvida ninguém fez companhia a ela. Lúcifer, o absolutamente esperto na mentira, tinha seu filho nas mãos. Tanta solidão para ele: "Jamais odiei tanto a solidão como quando ele se apoderava de mim nas camas de imobilização e me mantinha prisioneiro, sussurrando bem baixinho: 'és meu, somente meu'. Ninguém ao lado dela: horas, dias inteiros, em uma cama com quatro correias, em desoladora companhia".

Tudo o que resta é muita penumbra: o esforço de dar-lhe ouvidos, a solidão golpeia os ouvidos. É uma longa Via Sacra: "Passei os dois anos seguintes sob a bandeira das rixas e das más condutas. Comecei a sentir o peso da vergonha que causei à minha família, e a previsão de ser condenado a uma pena muito longa que me levou a escolher uma via mais breve: o suicídio". Um rapaz menor de idade, quando está com raiva, é uma fera que faz sangrar até sua própria sombra. "Uma noite, decidido a dar um fim à própria vida, escrevi uma carta a minha família e me enforquei". Para morrer havia decidido tornar-se um bebê: joelhos no peito, olhos fechados, punhos cerrados. A morte, porém, é uma mulher mimada. Escolhe ela mesma o que quer comer, o que deixar de lado. "Fui salvo por um agente penitenciário e pouco depois fui internado em uma prisão psiquiátrica". Um assassino, quando está em ação, sabe que deve ser esperto. Quando volta para a prisão recorda as antigas recomendações de quem dizia para que tomasse cuidado.

Cuidado para não se achar esperto demais.

Estava preparado para morrer: mas, como não soube morrer, agora era preciso refletir. Levantar-se de novo: "Passei quatro anos em três manicômios diferentes, senti na pele o que significa estar amarrado pelos tornozelos e pelos pulsos em uma cama de imobilização, sedado por calmantes. Eu era considerado louco e por isso fui excluído". A dignidade com que conta sua história é impactante: nenhum medo, cartas na mesa, vergonha na cara. Sua mãe, rezando, terá dito também: *"Bendita sois vós entre as mulheres"*. Ela, ao contrário, era a maldita entre as mulheres. Nem sequer lhe deram o luxo de ser chamada pelo nome: era a mãe do delinquente, do assassino, a vergonha da cidade. Não era mais ela, era a mãe do filho delinquente. Mãe daquele que havia semeado o caos na região.

A coisa mais corajosa que pode fazer uma mãe é ficar de pé na tempestade. Recolher antes da chuva as roupas do seu filho: *"Bendito é o fruto do vosso ventre"*. Abençoar o filho, quando ao redor tudo é maldição, é como desafiar o impossível. Aceitar ser pisoteada: "Nenhum medo de que me pisem. Pisoteada a erva se transforma em caminho" (Blaga Dimitrova). As mulheres estão: *estar*, diante das grades da prisão, é um assunto do gênero feminino. O masculino, para não perder o equilíbrio, se esconde por trás do feminino: "Depois de muitos anos, meu pai voltou para minha vida. Comecei a pensar que as coisas, pela primeira vez, tivessem começado melhorar". Um pai que, como tal, havia sido um verdadeiro desastre. Um filho que havia sido ainda pior: "Quem sabe, pela primeira vez, de fato a gente tenha se amado. Naquele instante havia somente um pai, com um filho, que desejavam se perdoar mutuamente". Como se diz na linguagem dos ciganos: era uma advertência: "Diagnosticaram um tumor em seus pulmões. Poucos dias depois, ele morreu. Naquele dia senti o mundo desabar sobre mim".

Crescer sem um pai, com uma mãe que era também pai.

Alguns presos são como frutos abandonados ao sol, sobrevivem jogando cartas. Jogam tanto que acabam fazendo disso o sentido da sua existência. Jogar é como passear diante de uma obra-prima; viver, ao contrário, é como pintá-la. Nenhuma ocasião, sem dúvida, tem sentido sem uma orientação: quem ama quer que o pintor pinte, ainda que seja incompreendido, que proteste por meio do seu assombro. A arte é uma forma de protesto: "Um dia me deram alta do manicômio: eu não era mais considerado um sujeito perigoso; voltei para cumprir minha pena na prisão".

A coisa mais corajosa que você pode fazer em uma prisão é levantar-se de manhã.

*Estás preparado?*
*Para a peste, para a fome, para os terremotos, para o fogo,*
*para o ataque dos inimigos, para a ira que se abate sobre nós? [...]*
*Não é disso que tenho o dever de te recordar.*
*Não é para isso que fui enviado.*
*Eu te digo*
*tu*
*estás preparado*
*para uma felicidade incrível?*
(Olga Sedakova)

Na *Sala Ducale* dos Museus do Vaticano, uma invasão de arte e de magia, existe um grande arco coberto por uma enorme tapeçaria sustentada por pequenos anjos. Sob esse arco, em uma cadeira fina com braços, senta-se o Papa Francisco. Ali onde os monarcas e chefes de Estado passam para suas visitas oficiais, havíamos marcado o nosso encontro. Para falar da *Ave-Maria*, da Mãe, das mães. As mães que mais estão presentes em seu coração: "Passei muitas vezes de ônibus diante do presídio de Villa Devoto, em Buenos Aires. Havia a fila das mães e todos olhavam para essas mulheres prontas para entrar e visitar um filho". Elas, sempre elas: com viagens improvisadas, pés inchados e rosto marcados por olheiras, na onda de calor de agosto e no frio de janeiro. As sacolas, na entrada, estão cheias de roupa já lavada; na saída, estão cheias de roupa para lavar mais uma vez. A roupa limpa, o pão de forno lá do interior, o salame típico de sua terra natal, um molho feito por suas próprias mãos. Na prisão não se deve jamais jurar pela própria mãe: é uma ofensa imperdoável. São mulheres que conversam e falam sobre seus filhos de quando vão à escola ou sobre como padecem no frio das celas.

"Há um momento, durante nossas conversas, em que parece que vou enlouquecer: quando minha mãe fica me olhando com aqueles olhos brilhantes, depois me aperta a bochecha, beija suas mãos, me abraça forte. Ela me sussurra: 'Você é o meu menino, eu amarei você para sempre'".

Mães carteiras, advogadas gratuitas: levam, contam, confortam. Sofrem uma espécie de amnésia: esquecem facilmente as coisas que não andaram bem. As coisas boas, ao contrário, sabem de cor até os detalhes. Francisco, o Papa: "Não é difícil imaginar a humilhação que deve sofrer uma mulher, com as revistas na prisão... Mas não importa, é pelo filho. Elas se deixam espezinhar". Olhe para elas e verá a Igreja.

Arrisca bastante quem sorri para elas como se sorri para um sobrevivente: elas não esgotam jamais as reservas de ternura que trazem no coração. Para sempre mãe, antes e depois do crime. Disse Jacó: "Sempre acreditou em mim, jamais se deu por vencida, nem sequer quando lhe diziam: 'Deixe-o para lá, é tempo perdido, nunca mudará'. Ela é teimosa: 'Não se preocupe, estarei sempre aqui com você. Não o deixarei sozinho na escuridão'". Os bons continuarão tentando, não se rendem facilmente: "Fui encontrado pela bondade, sempre foi assim".

Para a vergonha, só há um remédio: voltar-se (de novo) para Deus. Apelar ao seu olhar de misericórdia: "Olhai para ele a fim de vos alegrardes, e não se cobrir de vergonha o vosso rosto" (Sl 34,6). Não é o pecado que mata: é o desespero. Lúcifer, o espertalhão, não suporta que o mal possa ser perdoado.

Odeia, loucamente, o lado materno de Deus.

A vida na prisão é como um jogo de esgrima: é importante sentir a espada. "No momento mais difícil de minha vida, apareceu Jesus. Antes ele era apenas um personagem pregado em uma cruz, nada mais. Esta manhã é um Deus que, com sua Cruz, me transformou. Salvando-me." Ser mal-educado é sempre mais fascinante do que ser educado: é o fascínio do crime. Mas quando o acusador perde, Deus se reveste de festa. *Santa Maria, Mãe de Deus.* "Acabo de receber o sacramento da confirmação e a primeira comunhão: até hoje é o dia mais belo de minha vida".

A profissão de fé, a imposição das mãos, a unção, a oração universal: gestos simples, sóbrios, elementares. As coisas que fazem pulsar o mistério não são espetaculares, brilham como uma luz pobre. Iluminam o contorno das coisas, as bordas das presenças: "'Hoje estou realmente orgulhosa de você. Sem dúvida, é o dia mais feliz da minha vida.' Se penso que essas palavras, tão cheias de amor, foram ditas por uma mãe ao seu filho trancado em uma prisão, creio que a presença de Jesus neste momento é palpável".

O rosto da mãe é a primeira imagem de catequese ilustrada, um Jesus em quadrinhos. Para uma criança, um detento. Para Deus. Para um pecador: *"Rogai por nós pecadores".* O pecado é a morte da alma: "A alma nunca morre de repente, de hoje para amanhã: morre lentamente. A minha começou a morrer desde que eu era criança. No horizonte, nem sinal de terra, somente rochas contra as quais eu poderia me chocar". Qualquer que seja o caos em que o homem se precipite, aquele será o ponto de partida para voltar para sua casa. "'Pratiquei um crime, um assassinato'. Hoje entendi que naquela noite não matei somente ele, mas também a minha alma, ou ao menos aquele resto de alma que permanecia em mim".

De noite, a prisão é um fosso que engole tudo: na televisão passa um filme da série B, os cigarros se acendem e as conversas se apagam. Como pano de fundo, palavras murmuradas levadas pelo vento, pensamentos fracassados, o grito dos demônios. Remorsos, erros, emoções descoloridas pela nicotina. O coração atormentado, a cabeça perdida: "Você pensa que o tempo não passa nunca, que tudo é imóvel, que todos os outros estão parados. Por outro lado, você percebe que lá fora tudo corre numa velocidade louca. E você não corre, apenas caminha bem devagar". Os problemas esgotam as fórmulas: os fracassados suplicam ao sono que os engula vivos. Ao raiar do sol, no corredor se ouve o barulho das chaves e portas de ferro. Um novo dia começa, outra longa noite terminou: "Gostaria de voltar para o tempo em que eu tinha uma alma, para quando eu não imaginava que um dia essa droga de mundo teria me envolvido, me sufocado".

Tantas coisas ruins aconteceram: ele, no entanto, ainda está aqui.

Não é pouco.

As palavras, escritas em preto no branco, significam que existe possibilidade de mudança.

"Caro filho muito amado, peço que você me perdoe pelas vezes em que não fui uma boa mãe: poderia ter feito muito mais. Muitas vezes falamos sobre o seu comportamento: certos *detalhes*, porém, compreendo apenas agora. Peço perdão a Deus porque me sinto culpada, ainda que pensasse que estava dando muito amor a você, muito. Culpada por não ter feito mais para que você pudesse crescer em um ambiente familiar diferente. Desejava ser uma mãe especial, mas tive que assumir papéis diferentes: ser mãe e pai.

O resultado? Fui como um elefante entrando em uma loja de cristais.

Até hoje não havia jamais encontrado paz por tudo o que tem acontecido com você, sempre fui uma mãe *desdobrada*: sua mãe, com tanta dor no coração, e mãe do rapaz que você matou, com uma infinita dor por aquela morte. Não escondo de você que seu relato de hoje é para mim como uma montanha que me soterrou: provei uma dor enorme, surda.

Caro filho, peço a você, perdoe-me! Estou orgulhosa do seu caminho: sempre é uma vitória, ainda que com enorme esforço. O Senhor conhece nossos corações e sabe purificar nossos pecados se nos voltamos para Ele com humildade e pedindo perdão com sinceridade. Ele tomou você pela mão e o fez conhecer a Sua estrada: só confiando Nele, deixando-se abraçar por Ele, podemos renascer.

Abraço você com força: hoje meu abraço é ainda mais forte. Não vejo a hora de voltar a encontrar você a fim de passarmos alguns momentos juntos. Você sabe o quanto eu o amo: hoje, porém, digo isso de uma maneira toda especial. Até breve.

Sua mãe."

Há alguns anos, começou um inferno. Pensar em vencê-lo era como desafiar um leopardo. O Céu, porém, sabe esperar, prepara as suas emboscadas. Finge, retrocede, avança. Aprisiona o adversário para fazê-lo desistir. Vencerá, *"agora e na hora da nossa morte"*. A espera que o homem permaneça agarrado à sua liberdade: "Se penso no presente, estou orgulhoso do rapaz que sou hoje, ainda que às vezes me pergunte: 'A que preço?' Durante grande parte de minha vida, permaneci em companhia do diabo, hoje ao meu lado está Deus. A diferença? Ontem eu estava morto, hoje estou vivo. Acima de tudo hoje estou vivo. Comecei a apreciar a vida após ter tirado a vida. Depois de haver perdido tudo".

Para colocar um pouco de ordem, alguns precisam primeiro passar pela desordem.

Por outro lado, antes tudo dependia de nós mesmos: "Desde que cheguei a essa prisão, não voltei a colocar o relógio no pulso. Não quero controlar o tempo. Para mim, agora, o importante é vivê-lo. O passado, o presente, o futuro: "Não posso saber quem serei amanhã, mas sei bem quem sou hoje: sou um jovem que não esquece quem foi ontem. E o que fez ontem".

*Amém*, assim se passa a vida na prisão: uma parte para errar, uma para entender os erros, e outra para procurar um jeito de viver sem errar. Ou ao menos tentar.

Prossegue Padre Miguel, o homem com o óleo do Crisma em seu polegar: "A missa terminou, ide em paz".

Nas prisões, são famosos por resolverem situações quentes com muita rapidez: no mal, era gente de muito talento. Aplaudir é abraçar. São corpos que se esbarram, tempestades de afeto, beijos de carinho no rosto, "Era necessário fazer festa e alegrar-se, porque este teu irmão estava morto e voltou à vida, estava perdido e foi reencontrado" (Lc 15,32). São corpos tatuados: na prisão, a tatuagem é uma espécie de carteira de identidade. Fazer a leitura das tatuagens é descobrir os caminhos percorridos até chegar aqui: sofre-se, depois se estampa o sofrimento sobre a pele, que contará esses fatos por toda a vida.

Alguns têm tatuagens pelo corpo, outros são verdadeiras tatuagens com um pouco de pele ao redor. Também Jacó, hoje, tem uma tatuagem: "Recebe o selo do Espírito Santo que lhe é dado como dom". Selo, em sua origem grega, é uma tatuagem feita com fogo: animais, escravos, soldados. É marcado com o crisma na fronte, com a assinatura de Deus: "Interessa-me você, não me interessa o seu pecado". É Palavra de Deus: para dar graças por um Deus assim.

Abraços tatuados, lágrimas sofridas, tempestade de pensamentos: *"A paz esteja convosco"*.

Apoiada na janela, a mãe observa atentamente entre as grades uma longa sequência de celas nas quais não habita a esperança. Eu a observo de longe, por meio do olhar do filho, que a vê por entre aquela confusão de abraços: "Tenho uma mãe e uma irmã que me amam demais: é graças a elas que ainda não perdi a vontade de lutar". Duas mulheres, com uma lanterna na mão. Uma paciência leal, feroz: Em mais de nove anos, elas nunca deixaram que eu me sentisse sozinho. Por mim percorreram a Itália de norte a sul". Nenhum criminoso jamais mentirá para si mesmo: "Por minha culpa, elas conheceram a vergonha, a humilhação, a dor. Encontraram-se diante de realidades desumanas como a das prisões ou dos manicômios para criminosos, entretanto jamais deixaram de me amar. Mais que isso, me amam ainda mais". O mal, para as mães, se parece com a luz do sol de inverno: vai embora sem muito esforço.

Vai quase de imediato.

Na porta da igreja, para defender o espaço, está Ela: uma imagem da Virgem Maria de madeira. Na saída da missa, olham para Ela: alguns lhe dão um beijo, fazem o sinal da cruz, colhem (roubando dela) uma flor para levar para sua cela. Alguns tatuaram seu rosto sobre o seu peito, outros a levam em uma corrente no pescoço. Outros, puxam um rosário do bolso: *"Rogai por nós pecadores"*.

Jacó passa diante dela. Para. Com uma das mãos, agarra a mão de sua mãe e, com a outra, a de sua irmã. Seu olhar se fixa nela, a Virgem. O agente penitenciário já está com a chave na mão: faz com elas um pequeno barulho para lembrar que o tempo acabou.

Ao acabar o tempo, aqui dentro, começa a única prorrogação permitida: o tempo de uma *Ave-Maria*.

Contemplar a Virgem Maria é como sair de férias para descansar e depois voltar para casa.

É preciso voltar para a cela.

Impregnado pelo perfume de uma Mãe.

# FONTES

A entrevista do Padre Marco Pozza ao Papa Francisco ocorreu na Sala Ducale dos Museus do Vaticano no dia 19 de julho de 2018 para a TV2000.

Estas são as fontes dos trechos que concluem a parte I:

A beleza de uma mulher habitada por Deus
*Angelus para a Solenidade da Imaculada Conceição da Bem-aventurada Virgem Maria, Praça de São Pedro, 8 de dezembro de 2017.*

A fé: fidelidade e confiança
*Homilia para a Santa Missa por ocasião da Jornada Mariana no Ano da Fé, I parte, Praça de São Pedro, 13 de outubro de 2013.*

O sorriso de se sentir povo
*Homilia para a solenidade de Maria Santíssima Mãe de Deus, II parte, Basílica de São Pedro, 1º de janeiro de 2017*

A ternura materna de Deus
*Homilia para a solenidade de Maria Santíssima Mãe de Deus, I parte, Basílica de São Pedro, 1º de janeiro de 2017*

Ato de devoção à Imaculada na Piazza di Spagna
*Oração à Nossa Senhora por ocasião da Solenidade da Imaculada Conceição, Piazza di Spagna, 8 de dezembro de 2013.*

O Senhor Se encarnou em Maria
*Homilia para a solenidade de Maria Santíssima Mãe de Deus, 1º de janeiro de 2018*

Desatar os nós
*Catequese por ocasião da Oração mariana no Ano da Fé, I parte, Praça de São Pedro, 12 de outubro de 2013.*

Mãe da Esperança
*Audiência geral, Praça de São Pedro, 10 de maio de 2017*

A alegria da fé
*Catequese por ocasião da Oração para a Jornada Mariana no Ano da Fé, III parte, Praça de São Pedro, 12 outubro de 2013.*

# ABREVIATURAS E SIGLAS

1Pe  - Primeira Carta de São Pedro
1Sm  - Primeiro Livro de Samuel
At   - Atos dos Apóstolos
Dt   - Livro de Deuteronômio
Ef   - Carta aos Efésios
Ex   - Livro do Êxodo
Fl   - Carta aos Filipenses
Gl   - Carta aos Gálatas
Gn   - Livro do Gênesis
Heb  - Carta aos Hebreus
Is   - Livro de Isaías
Jo   - Evangelho de São João
Jr   - Livro de Jeremias
Lc   - Evangelho de São Lucas
Mt   - Evangelho de São Mateus
N.T. - Nota do Tradutor
Rm   - Carta aos Romanos
Sb   - Livro da Sabedoria
Sl   - Livro dos Salmos

**Acreditamos
nos livros**

Este livro foi composto em Adobe Garamond
Pro e impresso pela Paulus Gráfica para a
Editora Planeta do Brasil em abril de 2019.